AF391514

ESSAIS SUR LE XVIIᵉ SIÈCLE

MADAME DE SÉVIGNÉ

COURS PROFESSÉ A LA SOCIÉTÉ DES CONFÉRENCES

PAR

ANDRÉ HALLAYS

OUVRAGE ORNÉ DE SEPT GRAVURES

CINQUIÈME ÉDITION

LIBRAIRIE ACADÉMIQUE PERRIN & Cⁱᵉ

MADAME DE SÉVIGNÉ

OUVRAGES D'ANDRÉ HALLAYS

ACADÉMIE FRANÇAISE— PRIX BROQUETTE-GONIN 1920

En flânant. **A travers l'Exposition de 1900.** Un volume in-16.

En Flânant. **A travers l'Alsace,** ouvrage orné de 36 gravures, 12ᵉ édition. Un volume in-8 écu.

En Flânant. A TRAVERS LA FRANCE. **Autour de Paris.** 1re série. Maintenon. — La Ferté-Milon. — Meaux et Germigny. — Sainte-Radegonde. — Senlis. — Juilly. — Maisons. — La Vallée de l'Oise.— Gallardon. — De Mantes à la Roche-Guyon. — Soissons. — Les Jardins de Betz. — Chantilly. — Wideville. — Livry. — Ouvrage orné de 32 gravures, 5e édition. Un volume in-8 écu.

En Flânant. A TRAVERS LA FRANCE. **Autour de Paris.** 2e série. Versailles. — Le Charme de Versailles, Le grand Trianon, André Le Nôtre, Jean de La Quintinie. — Saint-Cloud. — Le château du Val. — Meulan. — Vallée du Thérain. — L'Abbaye du Val. — Ognon. — Raray. — Nantouillet.— Vitry. — Conflans. — Méréville. — Jossigny. — Provins. — Château-Thierry. — Ouvrage orné de 31 gravures. 2e édition. 1 volume in-8 écu.

En Flânant. A TRAVERS LA FRANCE. **Provence.** Grignan. — La descente du Rhône et Orange. — Arles. — Aix. — Montrieux et Valbelle. — Brignoles et la Celle. — Le Thoronet. — Lérins. — Fréjus. — Grasse. — Vence. — Vallée de la Durance. — Fontaine-l'Evêque et Riez. — Digne. — Ouvrage orné de 28 gravures. 6e édition. Un volume in-8 écu.

En Flânant. A TRAVERS LA FRANCE. **Touraine, Anjou et Maine.** Blois. — Pélerinages balzaciens. — Azay-le-Rideau. — Loches. — Valençay. — Chinon. — Richelieu. — Fontevrault. — Oiron. — Montreuil-Bellay. — Asnières. — Val du Loir. — Laval. — Forêt de Bercé. — Solesmes. — Ouvrage orné de 30 gravures, 4e édition. Un volume in-8 écu.

En Flânant. A TRAVERS LA FRANCE. **Paris.** Les Miramionnes. — Auteuil au XVIIe siècle. — Notre Dame de Paris sous Louis XIV. — Les Visitandines du Faubourg Saint-Jacques. — L'hôtel de Biron. — Les logis de Mademoiselle Clairon. — La maison où Voltaire est mort. — La tombe de Madame de Talleyrand. — Les logis de Victor Hugo à Paris. — 4e édit. Un volume in-8 écu, orné de 31 gravures.

En Flânant. A TRAVERS LA FRANCE. **De Bretagne en Saintonge.** Ouvrage orné de 30 gravures. 3e édition. Un volume in-8 écu.

EN PRÉPARATION :

En Flânant. A TRAVERS LA FRANCE. **Bourgogne, Auvergne, Bourbonnais, Lorraine, Normandie.**

ESSAIS SUR LE XVIIᵉ SIÈCLE

Le Pèlerinage de Port-Royal. Ouvrage orné de 31 gravures. 7ᵉ édition. Un volume in-8 écu.

Madame de Sévigné. Un volume in-8 écu.

Jean de La Fontaine. Un volume in-8 écu.

L'Opinion allemande pendant la guerre. Un volume in-12.

Beaumarchais. Un volume in-16. (Collection des Grands Écrivains). Hachette et Cie.

En Flânant. Un volume in-8. (Société d'édition artistique).

Nancy. (Collection des villes d'art). Laurens éditeur.

Avignon. (Collection des villes d'art). Laurens éditeur.

MADAME DE SÉVIGNÉ
par NANTEUIL
(Musée Carnavalet)

—

MADAME DE SÉVIGNÉ

COURS PROFESSÉ A LA SOCIÉTÉ DES CONFÉRENCES

PAR

ANDRÉ HALLAYS

OUVRAGE ORNÉ DE SEPT GRAVURES

PARIS

LIBRAIRIE ACADÉMIQUE

PERRIN & Cie, LIBRAIRES-ÉDITEURS

35, QUAI DES GRANDS-AUGUSTINS, 35

1922

Tous droits de reproduction et de traduction réservés pour tous pays.

A

RENÉ DOUMIC

DE L'ACADÉMIE FRANÇAISE

Ce cours a été professé à la Société des conférences.
Je le publie sans y rien changer. C'est l'esquisse impar-
faite d'un portrait de Mme de Sévigné. Mon dessein n'était
pas d'épuiser le sujet, encore moins de le renouveler.
Fidèle aux traditions de la Société des Conférences, j'ai
simplement voulu inspirer à ceux qui m'écoutaient, l'idée
de relire un des chefs d'œuvre de la langue française.
Pour y réussir je ne possédais ni le talent ni le savoir des
maîtres qui m'avaient précédé dans la même chaire : les
Brunetière, les Faguet, les Doumic, les Jules Lemaître;
mais j'avais, comme eux, la passion de notre littérature
classique et le désir de faire partager à mes auditeurs
mes goûts, mes curiosités, mes admirations. Aujourd'hui
je demande à mes lecteurs de ne chercher dans ces
causeries ni une biographie complète, ni une étude critique, mais seulement une introduction à la lecture des
Lettres de Mme de Sévigné.

En flânant à travers la France j'ai eu souvent
l'occasion d'évoquer le souvenir de Mme de Sévigné.
Si quelqu'un veut connaître en détail les lieux où la
marquise a soit vécu soit passé : Livry, Grignan, la
Visitation du faubourg Saint-Jacques, Les Rochers, le
Buron, la Seilleraye, je me permets de le renvoyer aux

divers volumes où j'ai recueilli mes notes de promenade. (1)
Un peu hâtivement redigées, ces notes contenaient quelques inexactitudes que j'ai tâché de faire disparaître dans mes conférences ; mais on y trouvera, sur certains épisodes de la vie de Mme de Sévigné, des remarques et des citations qui ne pouvaient entrer dans le cadre d'une étude générale.

(1) *Autour de Paris* (1re série) : L'abbaye de Livry. — *Provence :* Grignan. — *Paris :* Les Visitandines du faubourg Saint-Jacques. — *De Bretagne en Saintonge :* Mme de Sévigné en Bretagne.

L'ESPRIT DE
MADAME DE SÉVIGNÉ

Il y a quatre-vingt-dix ans, Sainte-Beuve prétendait que, pour goûter le charme de Mme de Sévigné, pour comprendre la ferveur de ses admirateurs, il ne suffisait pas de parcourir un choix .de ses lettres ; il fallait, disait-il, cheminer pas à pas dans cette correspondance, tout suivre, tout *dévider*, — l'expression est de Mme de Sévigné elle-même, — bref, faire pour elle ce qu'on faisait, paraît-il, en 1829, pour *Clarisse Harlowe*, quand on avait quinze jours de loisir et de pluie à la campagne. A dire vrai, il faudrait avoir une furieuse passion de la lecture pour venir à bout, en quinze jours, du recueil des Lettres, car il forme treize volumes in-octavo, de quatre cent cinquante pages chacun ; et, si vous voulez suivre le conseil de Sainte-Beuve, vous ferez bien de vous ménager un grand mois de retraite et de ne céder ni à l'attrait du bridge, quand il pleuvra, ni à celui de la promenade, entre deux averses. D'ailleurs vous serez récompensés. Je viens de lire à la file ces treize volumes in-octavo, et c'est, je vous assure, un délicieux divertissement.

Il y a des instants, je ne le nie pas, où l'on est un peu las de ce que Mme de Sévigné appelait ses *lanterneries* et ses *fagotages* ; on s'égare au milieu de tant d'allusions mystérieuses dont on n'aura jamais la clef, puisque les lettres de Mme de Grignan ont été détruites ; si curieux que l'on soit des détails de la vie d'autrefois, on ne tient pas à être si abondamment renseigné sur les grossesses et les couches de Mme de Grignan, les comptes et les procès de la marquise, les méfaits du chocolat et les mérites comparés des divers laxatifs ; si touchant que soit l'amour maternel, on éprouve parfois le regret que la pauvreté de la parole humaine contraigne les grandes passions à de fâcheuses redites. Il y a dans cette longue correspondance des endroits un peu fastidieux malgré la continuelle, la miraculeuse vivacité du style. Mme de Sévigné était la première à en convenir, quand, songeant à la campagne bretonne : " Cela s'appelle, disait-elle, des *landes* dans ce pays-ci. Il y en a beaucoup dans mes lettres, avant que de trouver la prairie. " Elle exagérait : il y avait sans doute quelques landes, mais comme celles de **la Bretagne**, fleuries d'ajoncs au printemps, de bruyères en automne, et les prairies étaient éblouissantes.

Tout compte fait, ce voyage à travers landes et prairies laisse des impressions si charmantes qu'après l'avoir accompli, rien ne me semblait plus facile et plus agréable que de vous communiquer mon plaisir.

Malheureusement, ayant lu Mme de Sévigné, j'eus la curiosité de lire tout ou à peu près tout ce que l'on a écrit sur ses lettres et sa personne. Ce fut alors que je compris la témérité de mon entreprise.

Sainte-Beuve — en 1829 — disait que le style de Mme de Sévigné avait été si souvent et si spirituellement jugé, analysé, admiré qu'il était difficile de trouver un éloge à la fois nouveau et convenable à lui appliquer. Depuis, tous les historiens de la littérature française, tous les critiques se sont ingéniés à définir le style de Mme de Sévigné. D'autre part, sur sa personne, ses goûts, ses amis, son entourage, tout a été dit. Nous n'ignorons rien de la famille de Grignan. Il n'est pas jusqu'à la santé de Mme de Sévigné qui n'ait été étudiée par des médecins. Or, la lecture de tous ces critiques, de tous ces historiens, de tous ces médecins, me forçait de le constater avec tristesse, les idées que les lettres de Mme de Sévigné m'avaient suggéré, beaucoup d'autres les avaient eues avant moi ; j'arrivais bon dernier.

Finalement, j'en ai pris mon parti : je vous conterai ce qui m'est passé par l'esprit, tandis que je lisais Mme de Sévigné. Tant pis si les autres l'ont déjà dit. D'ailleurs mon cadre est étroit ; il s'agit de six brèves causeries, où, comme il est juste, la plupart du temps je passerai la parole à la plus brillante causeuse qui fut jamais. Le commentaire sera si modeste que personne ne voudra lui reprocher de ne pas être original.

*
* *

Avant de feuilleter avec vous les lettres de Mme de Sévigné, j'ai cru bon de faire passer sous vos yeux les portraits de la marquise, de ses enfants et de quelques-uns de ses amis. La présentation n'est pas inutile. Dans le monde, c'est un rite qu'on ne saurait négliger sans exposer les gens à de cruels impairs et à de douloureuses méprises. Ici, comment s'intéresser à des personnes dont on ignore les traits et la physionomie ? Tous les signalements que je pourrai vous apporter, si exacts soient-ils, ne vaudront jamais des images même deux fois déformées par le portraitiste et le photographe. Pour que vous puissiez mieux entrer dans l'intimité de Mme de Sévigné, je vous ferai voir les lieux où elle a vécu. Enfin je veux vous montrer quelques fac-similés d'écritures, qui révèlent assez bien les esprits et les caractères.

I. *Portrait de Mme de Sévigné par Mignard* ([1]). — Ce portrait offre toutes les garanties d'authenticité ; il appartient à la famille de Luçay, de la descendance directe de Mme de Sévigné.

Dans l'*Histoire amoureuse des Gaules*, Bussy-Rabutin a fait le portrait de sa cousine, Mme de Sévigné, portrait d'une extrême perfidie :

« Mme de Sévigné a d'ordinaire le plus beau teint du monde, les yeux petits et brillants, la bouche plate mais de belle couleur ; le front avancé, le nez semblable à soi, ni long, ni petit, carré par le bout. (Ce bout de nez carré, Mme de Sévigné ne le transmit pas à sa fille, mais il se retrouva chez sa petite-fille, Mme de Simiane) ; la mâchoire comme le bout du nez, et tout cela, qui en détail n'est pas beau, est à tout prendre assez agréable. Elle a la taille belle sans avoir bon air, elle a la jambe bien faite ; la gorge, les bras et les mains mal taillés ; elle a les cheveux blonds, déliés et épais. »

([1]) Page 139.

Comparez avec le portrait de Mignard ; je vous laisse le soin de dire où Bussy a cédé à ses rancunes de séducteur éconduit.

Mme de Sévigné écrivait un jour à sa fille : " Je voudrais que mon portrait fût un peu moins *rustaud :* il ne me paraît pas propre à être regardé agréablement et tendrement. " On n'est pas absolument sûr que le portrait dont elle parle, soit celui que vous avez sous les yeux ; cependant c'est probable, car la remarque s'y applique assez bien.

II. *Portrait de Mme de Sévigné par Nanteuil* ([1]). — C'est le plus connu et le meilleur de tous les portraits de Mme de Sévigné. De très nombreux graveurs l'ont reproduit depuis Nicolas Edelinck, le gendre de Nanteuil. L'original est aujourd'hui au musée Carnavalet.

On a beaucoup discuté sur l'âge qu'avait Mme de Sévigné au moment où Nanteuil exécuta cet admirable pastel. Une lecture attentive des lettres a permis à M. le marquis de Saporta de fixer la date d'une manière à peu près certaine.

En mars 1671, Mme de Sévigné décrit à sa fille la coiffure à la mode. Elle la trouve très ridicule :

[1] Frontispice.

" Les femmes sensées pâment de rire... " Mais,
comme il arrive toujours, quelques semaines après,
toutes les " femmes sensées " adoptent la mode
nouvelle, et Mme de Sévigné conseille à sa fille
d'en faire autant. Quelques semaines encore, et
c'est le tour de Mme de Sévigné elle-même. Voici
la description de la coiffure : " Imaginez-vous une
tête partagée à la paysanne jusqu'à deux doigts
du bourrelet : on coupe ses cheveux de chaque
côté, d'étage en étage, dont on fait de grosses
boucles, rondes et négligées, qui ne viennent pas
plus bas qu'un doigt au-dessous de l'oreille : cela
fait quelque chose de fort jeune et de fort joli, et
comme deux bouquets de cheveux de chaque
côté. " C'est tout justement la coiffure du portrait
de Nanteuil. Mme de Sévigné ajoutait que " cette
coiffure était ridicule à certaines dames dont l'âge
et la beauté ne convenaient pas ". Son âge et sa
beauté sans doute convenaient encore. Elle avait,
en 1671, quarante-cinq ans.

III. *Portrait de Mme de Grignan par Mignard* ([1]).
— Le plus bel exemplaire de ce portrait se trouve
au château des Rochers. C'est vraisemblablement

([1]) Page 106 : Reproduction de la copie conservée au musée
Carnavalet.

l'original exécuté par Mignard en 1674 ou en 1675. Le musée Carnavalet en possède une copie.

C'est celui dont Mme de Sévigné disait à sa fille : " Votre portrait est aimable, on a envie de l'embrasser, tellement il sort de la toile. " Elle en fit faire une miniature pour ne jamais s'en séparer. Elle l'appelait *le petit ami*, et le portait partout avec elle comme un fétiche.

Mme de Grignan y paraît dans tout l'éclat de sa beauté.

IV. *Portrait de Mme de Grignan* (?) *par Mignard* (?). — Cette peinture est conservée à Florence, au musée des *Offices*. L'attribution à Mignard est douteuse, car il faudrait que Mignard eût peint Mme de Grignan à deux époques différentes. D'ailleurs, est-ce bien Mme de Grignan ? On retrouve, sans doute, ici quelque chose de l'autre portrait, et l'on peut attribuer à la différence des coiffures ce qui au premier abord semble écarter l'idée de la ressemblance. Les marguerites que l'on voit au corsage, et que d'ailleurs on retrouve dans les autres portraits de Mme de Grignan, font penser que cette image est bien la sienne : elle s'appelait Marguerite.

V. *Portrait de Charles de Sévigné par Sébastien Bourdon* (¹) — Ce charmant portrait du fils de Mme de Sévigné est au château des Rochers et appartient à Mme la Comtesse de Nétumières.

Quand je vous conterai les aventures de Charles de Sévigné, il ne faudra pas oublier cette figure gracieuse, délicate et un peu efféminée.

VI. *Portrait du comte de Bussy-Rabutin gravé par Edelinck d'après une peinture de Le Febvre* (²).

Bussy était le cousin de Mme de Sévigné ; nous le retrouverons à tous les moments de la vie de la marquise.

C'est ici un Bussy déjà mûr ; mais avec ses lèvres sensuelles, ses yeux pétillants de malice et son air victorieux, il conserve encore quelque chose de charmant et de redoutable.

VII. *Portrait de Nicolas Foucquet par Sébastien Bourdon.* — C'est au musée de Versailles qu'est conservé ce joli portrait. Il y a bien de la ruse et de la volupté dans ces traits délicats.

VIII. *Hôtel Carnavalet* (³). — C'est la façade

(¹) Page 122.
(²) Page 65.
(³) D'après une gravure ancienne. Album de la collection des *Grands écrivains* (Hachette).

de l'hôtel sur la rue Culture-Sainte-Catherine, aujourd'hui rue de Sévigné. L'église qu'on aperçoit au bout de la rue est l'église Saint-Paul.

Cette belle demeure, bâtie au seizième siècle par Bullant sur les dessins de Pierre Lescot, fut louée en 1677 par Mme de Sévigné qui fit aménager un appartement particulier pour Mme de Grignan.

IX. *L'abbaye de Livry* ([1]). — C'est à Livry, chez son oncle l'abbé de Coulanges, que Mme de Sévigné allait rêver, se reposer, faire ses dévotions; c'était " son lieu favori pour écrire ". Le parc et les jardins de l'abbaye ont été défigurés. Il reste un corps de bâtiment du dix-septième siècle. **Les** dispositions intérieures ont été modifiées.

X. *Les Rochers* ([2]). — Les défenses et les fortifications qui, au dix-septième siècle, entouraient encore ce manoir breton, ont disparu. Mais il reste les anciens bâtiments d'habitation avec leurs tours et leurs tourelles, et la chapelle, petite construction ronde, surmontée d'une coupole et où sont conservés les sièges, les chandeliers et les

([1]) *Autour de Paris* (1re série), page 295.
([2]) *De Bretagne en Saintonge* p. 43.

lourdes boiseries de l'invention de l'abbé de Coulanges. D'ailleurs, tout ce qui peut évoquer aux
Rochers le souvenir de Mme de Sévigné y a été
maintenu avec une intelligente piété.

XI. *Grignan au dix-septième siècle* ('). — Cette
image du château de Grignan est une aquarelle
du dix-septième siècle conservée à la Bibliothèque
nationale.

Cette vieille forteresse féodale, magnifiquement transformée à la Renaissance et à laquelle
Mansard avait ajouté des bâtiments grandioses, a
été ruinée par la Révolution. Il y a quinze ans, ces
grands débris formaient encore un admirable
tableau. On y voyait d'exquis ornements de la
Renaissance, des façades du dix-septième siècle à
demi écroulées, des ifs taillés, des statues brisées,
des vases de marbre d'un galbe imprévu et puissant. Hélas ! Grignan a été restauré, férocement
restauré. Un propriétaire a d'abord brocanté les
frises, les médaillons, les cheminées de la Renaissance et les grands vases de marbre. Puis un autre
propriétaire s'est mis en tête de reconstruire
Grignan. Où en sont ces travaux ? Je l'ignore ;
depuis sept ans je ne suis pas retourné à Grignan ;

('') *Provence*, p. 1.

mais dans ce temps-là, l'irréparable sacrilège était déjà accompli. Toutes les vieilles pierres avaient été profanées, tous les souvenirs effacés, et l'ombre de Mme de Sévigné avait fui ce château tout neuf.

XII. *La terrasse de Grignan* (¹). — Cette terrasse est une immense esplanade dallée où roulaient les carrosses ; elle recouvre la voûte de l'église bâtie au pied du rocher, elle en épouse le dessin, elle en couronne la nef et les clochers carrés. Et de cette terrasse, quel horizon du Ventoux aux monts de l'Ardèche !

XIII. *Ecriture de Mme de Sévigné* (²). — C'est la première page d'une lettre à sa fille non datée, mais qu'il est facile de placer au 13 septembre 1679.

Considérez cette vaste feuille de papier où la plume court la " bride sur le cou ", sans une pause, sans une rature. Remarquez que la ponctuation se réduit à quelques virgules. Mme de Sévigné ne ponctue pas ; elle se contente de ce qu'elle appelle ses *petites raies*, mais elle y tient,

(¹) *Provence.* p. 1.

(²) On trouvera un fac-similé de l'écriture de Mme de Sévigné, de Mme de Grignan et de Bussy-Rabutin dans l'Album de la Collection des Grands écrivains (Hachette).

car " elles donnent, dit-elle, de l'attention, elles font faire des réflexions, des réponses, des épigrammes, des satires ". En réalité, elles marquent les mouvements et les intonations de la parole. Et ces signes, très clairs pour ceux qui connaissaient la voix et la manière de causer de Mme de Sévigné, restent pour nous un peu mystérieux. Forcément, on les a remplacés dans nos éditions par la ponctuation régulière. Mais cette substitution indispensable rend quelquefois très difficile la lecture à haute voix d'une lettre de Mme de Sévigné. Regardez enfin cette grande écriture précipitée qui dédaigne l'orthographe et qui dans sa hâte enchaîne parfois les mots les uns aux autres : tout y trahit l'allégresse de la pensée et la fougue du sentiment.

Voilà ce qui saute aux yeux. Cependant cette écriture vaut d'être étudiée de plus près. Je suis persuadé que la graphologie est une science positive ; mais je la connais mal. Aussi me suis-je adressé à une personne qui fait aujourd'hui autorité en la matière, et je lui ai soumis l'écriture de Mme de Sévigné. Voici la consultation que m'a donnée Mme de Salberg :

" 1° *Tracé léger et couché* : sensibilité sentimentale ; 2° *écriture entièrement liée, légère et couchée :*

don de pressentiment et d'intuition instinctive ; 3° *absence de ponctuation :* absence d'esprit méthodique et d'ordre matériel ; 4° *quelques accentuations :* un certain ordre cérébral ; 5° *direction exclusivement dextrogyre :* bonté et générosité ; 6° *lettres ouvertes par le haut (o et a) :* parole abondante ; 7° *lettres espacées :* idées larges ; 8° *beaucoup d'air entre les lignes :* intelligence lucide ; 9° *allure rapide :* accélération de la pensée ; 10° *signature haute et sans paraphe :* simplicité orgueilleuse ; 11° *pesée également légère :* immatérialité... "

Nous verrons, au cours de nos causeries, si la lecture des lettres justifie les constats de la graphologie.

XIV. *Ecriture de Mme de Grignan.* — Le contraste avec l'écriture de sa mère est frappant.

C'est la seconde page d'une lettre écrite par Mme de Grignan à Pomponne au sujet de sa disgrâce, en 1679.

Consultation graphologique : " 1° *Tracé lâché :* manque de supériorité morale ; 2° *tracé baveux :* mauvaise circulation du sang ; 3° *tracé descendant :* grande dépression ; 4° *pas d'air entre les lignes :* absence de clarté dans les idées ; 5° *écriture entièrement liée :* tendance au sophisme ; 6° *barres de T accrochées à la base des lettres :* grande persé-vérance dans le vouloir ; 7° *signature très étalée et très haute :* amour du faste. "

XV. *Écriture de Bussy-Rabutin.* — C'est la fin d'une lettre de Bussy au P. Brotier. L'écriture est d'une merveilleuse élégance.

Consultation graphologique : " 1° *Relief du tracé :* brio de l'esprit ; 2° *direction verticale :* prépondé-rance du cerveau ; 3° *grande clarté entre les lignes :* esprit clair ; 4° *lettres groupées dans chaque mot :* facultés encyclopédiques ; 5° *jolies majuscules :* sens esthétique ; 6° *fréquents gestes vers la gauche :* culte du souvenir ; 7° *jambages formant poche :* cerveau enregistreur ; 8° *lettres ouvertes par en haut :* facilité de parole ; 9° *signature entièrement différente du texte :* nature double, fourberie ; 10° *fréquents lassos :* don de séduction ; 11° *tracé appuyé :* forte vitalité, appétits sensuels ; 12° *écriture en relief et ronde :* mémoire visuelle. "

Maintenant que nous connaissons les visages, les logis et les écritures, nous pourrons, me semble-t-il, mieux cheminer à travers la corres-pondance de Mme de Sévigné.

*
* *

Marie de Chantal était la petite fille de Jeanne-

Françoise Fremyot, baronne de Chantal, qui, sous la direction de saint François de Sales, fonda l'ordre de la Visitation. Son père, Celse-Bénigne de Rabutin, baron de Chantal, périt en se battant contre les Anglais dans l'île de Ré.

Elle naît à Paris le 5 février 1626. A six ans, elle est orpheline de père et de mère. A dix-huit ans, elle épouse un gentilhomme breton, le marquis Henri de Sévigné, qui, six années plus tard, se fait tuer en duel, lui laissant un fils et une fille. Elle se donne tout entière au soin de sa fortune et à l'établissement de ses enfants. Elle vit ordinairement à Paris près de la cour, où elle est reçue mais dont elle ne fait point partie. Pour sa santé, elle va quelquefois à Vichy et à Bourbon. Par goût et par économie, elle réside assez souvent dans son château des Rochers, près de Vitré ; elle fait aussi quelques séjours en Provence auprès de sa fille, la comtesse de Grignan. Voilà tous les événements de sa vie. Ses épreuves sont celles du moins malchanceux d'entre nous : des embarras d'argent, des rhumatismes et la douleur de voir partir ceux qu'on aime. Elle mourut à soixante-dix ans en possession de sa vive et lucide intelligence. Bonne chrétienne, elle n'avait jamais douté de la Providence.

Rien de moins romanesque qu'une telle existence, pareille à tant d'autres. Comment donc Mme de Sévigné a-t-elle ensorcelé son siècle et la postérité ?

Comme dans le conte de Perrault, les fées furent convoquées à son baptême. " La première lui donna pour don qu'elle serait la plus belle personne du monde ; celle d'après, qu'elle aurait de l'esprit comme un ange ; la troisième qu'elle aurait une grâce admirable à faire tout ce qu'elle ferait " et à dire tout ce qu'elle dirait ; " la quatrième, qu'elle danserait parfaitement bien ; la cinquième, qu'elle chanterait comme un rossignol." Survint alors la vieille fée qu'on avait oublié d'inviter et qui, " branlant la tête plus de dépit que de vieillesse ", dit : La marquise aura une fille belle comme le jour, mais dont le cœur sera sec comme la paume de ma main et dont l'humeur sera si vaniteuse et si revêche que sa mère en pensera mourir de chagrin. Ce dernier don fit frémir toute la compagnie ; mais une jeune fée sortit de derrière la tapisserie et dit : Rassurez-vous, la marquise n'en mourra pas. A cause de sa fille, elle pleurera toutes les larmes de son corps ; mais elle écrira divinement, et, pour faire connaître à cette fille toute la chaleur de sa tendresse, elle

composera des lettres si agréables qu'elle-même
en sera un peu consolée et que sa gloire durera
autant que fleurira le langage de son pays.

Les fées ne se trompent jamais : tout s'est
accompli selon leurs prédictions. Nous le savons,
car jamais femme ne s'est racontée avec autant de
liberté et de franchise. Pour ses quarante-quatre
premières années, nous possédons seulement
quelques lettres éparses ; à partir de 1670, nous
entrons dans l'intimité de sa vie et de sa pensée.
Cependant, comme, chemin faisant, elle reviendra
souvent sur le passé et que, d'ailleurs, à causer
avec une femme de quarante-quatre ans, on
distingue aisément ce qu'elle fut vingt années plus
tôt, c'est bien son vivant et fidèle portrait que
Mme de Sévigné nous a livré elle-même. Sans doute,
il ne faut pas, avec elle, tout prendre au pied de
la lettre : cette personne bienveillante n'est impitoyable ni pour les autres, ni pour elle-même ;
il lui arrive de dire la demi-vérité ou la vérité et
demie, par coquetterie ou bien par " pure eutra-
pélie ", comme disait Renan ; elle concède bien
volontiers à ses amis tout ce qu'ils exigent pour
lui garder leur amitié ; elle flatte sa fille qu'elle
aime aveuglément et dont elle est vaine ; ses
sympathies ou l'intérêt des siens lui inspirent

parfois des opinions un peu déconcertantes. Mais tout cela ne saurait nous donner le change, car tout cela ne s'adresse pas à nous. Jamais, à la différence des auteurs de Mémoires, Mme de Sévigné n'a songé à duper la postérité, pour la bonne raison que jamais elle n'a soupçonné que la postérité irait un jour mettre le nez dans ses papiers. Elle savait bien que ses lettres ou du moins certaines de ses lettres seraient lues par d'autres que par ses correspondants, elle n'ignorait pas qu'elle écrivait à ravir, elle en tirait gloire, et elle aimait à divertir sa fille et ses amis ; mais, c'est à eux seuls qu'elle pense, quand elle cède au désir de plaire ou à la crainte de déplaire. Pour nous, ses lecteurs d'aujourd'hui, nous n'existions pas pour elle. Nous sommes les spectateurs inattendus d'une comédie qui jamais ne fut réglée à notre intention. C'est un amusement rare; et comme toutes ces lettres attestent le goût, la bonté et l'honneur de celle qui les a écrites, nous pouvons jouir de notre plaisir, sans que vienne s'y mêler ce malaise qui nous prend à la lecture d'autres correspondances où de pauvres âmes nous livrent, bien malgré elles, le secret de leurs faiblesses les moins avouables et de leurs erreurs les plus ridicules.

De la tendresse et de la passion, du bon sens et de la fantaisie, de l'esprit et de la gaieté, surtout de la gaieté, une nature riche, variée et ardente, voilà Mme de Sévigné telle qu'elle s'est peinte elle-même, et telle qu'elle fut au témoignage de ses contemporains.

Reprenons le portrait tracé par Bussy — le cousin de Mme de Sévigné — dans l'*Histoire amoureuse des Gaules*. Il est de la plus noire méchanceté. Il offensa cruellement le modèle, et on le comprend de reste. Il a indigné et scandalisé pendant deux siècles les amoureux posthumes de Mme de Sévigné. Cependant, mêlées à beaucoup de perfidies, on y trouve encore assez de vérités pour que nous ne fassions point fi de la peinture. Expliqué, commenté et retouché, le terrible portrait en apprendra plus long que les éloges fades et vagues des admirateurs. Souvenons-nous qu'il s'agit ici d'une Sévigné qui vient de passer la trentaine.

Il n'y a point de femme qui ait plus d'esprit qu'elle, et fort peu qui en aient autant ; sa manière est très divertissante. Il y en a qui disent que pour une femme de qualité, son caractère est un peu trop badin. Du temps que je la voyais, je trouvais ce jugement-là ridicule et je sauvais son burlesque sous le nom de gaieté ; aujourd'hui qu'en ne la voyant plus, son grand feu ne m'éblouit pas, je demeure d'accord qu'elle veut être trop plaisante. Si on a de l'esprit, et particulièrement de cette sorte d'esprit qui est enjoué, on n'a qu'à la voir ; on ne perd rien avec elle : elle vous entend, elle entre juste en tout ce que vous dites, elle vous devine et vous mène d'ordinaire bien plus loin que vous ne pensez aller. Quelquefois aussi on lui fait bien voir du pays ; la chaleur de la plaisanterie l'emporte. En cet état, elle reçoit avec joie tout ce qu'on lui veut dire de libre, pourvu qu'il soit enveloppé ; elle y répond même avec mesure et croit qu'il irait du sien, si elle n'allait au delà de ce qu'on lui a dit. Avec tant de feu, il n'est pas étrange que le discernement soit médiocre : ces deux choses étant d'ordinaire incompatibles, la nature ne peut faire de miracle en sa faveur ; un sot éveillé l'emportera toujours auprès d'elle sur un honnête homme sérieux. La plus grande marque d'esprit qu'on lui peut donner, c'est d'avoir de l'admiration pour elle ; elle aime l'encens, elle aime d'être aimée, et pour cela elle sème afin de recueillir, elle donne de la louange pour en recevoir. Elle aime généralement tous les hommes, quelque naissance et quelque mérite qu'ils aient et de quelque profession qu'ils soient ; tout lui est bon, depuis le manteau royal jusqu'à la soutane, depuis le sceptre jusqu'à l'écritoire. Entre les hommes, elle aime mieux un amant qu'un ami, et, parmi les amants, les gais plus que les tristes. Les mélancoliques flattent sa vanité, les éveillés son inclination ; elle se divertit avec ceux-ci et se flatte de l'opinion qu'elle a bien du mérite d'avoir pu causer de la langueur à ceux-là...

Bussy est forcé de reconnaître que Mme de Sévigné a beaucoup d'esprit et du plus divertissant. Autrement, après tout ce qu'il a dit du nez, de la mâchoire, de la gorge et des bras de sa cousine, comment se justifierait-il de lui avoir si longtemps fait la cour ? D'ailleurs là-dessus les contemporains sont unanimes. " Par son aisance, dit Saint-Simon, ses grâces naturelles, la douceur de son esprit, elle en donnait à qui n'en avait pas, extrêmement bonne d'ailleurs, et savait extrêmement de toutes sortes de choses sans vouloir jamais paraître savoir rien. " Du reste, nous pouvons en juger, puisque cet esprit a passé de sa conversation dans ses lettres.

Pour le reste, Bussy trace l'image d'une jeune femme intarissablement gaie, coquette, vaine de l'empire qu'elle exerce sur tant d'hommes illustres ou spirituels. Turenne, le prince de Conti, Lude, Méré, Ménage, Bussy lui-même, voilà la liste — incomplète — de ses adorateurs. Il n'était pas vrai qu'elle préférât ses amants à ses amis, car elle déploya une charmante industrie pour faire que ses amants devinssent ses amis. Elle en vint à bout, même avec Bussy, et elle y eut quelque mérite. Écoutez la suite du portrait.

Elle est d'un tempérament froid, au moins si l'on en croit feu son mari ; aussi lui avait-il l'obligation de sa vertu. Comme il disait, toute sa chaleur est dans l'esprit. A la vérité, elle compense bien la froideur de son tempérament, si l'on s'en rapporte à ses actions ; je crois que la foi conjugale n'a pas été violée, si l'on regarde l'intention. C'est une autre chose, pour en parler franchement. Je crois que son mari s'est tiré d'affaire devant les hommes, mais je le tiens *trompé* devant Dieu...

Et quand je lis : *trompé,* c'est pour ne point parler comme Molière.

Puis Bussy lui reproche longuement tous les manèges d'une fausse prude.

Mme de Sévigné n'a pas trompé son mari. C'est Bussy qui le dit ; il le dit en rechignant, mais il le dit ; or, quand je vous conterai les relations du personnage avec sa belle cousine, vous verrez que la caution est bonne. Tallemant, qu'on ne peut suspecter d'indulgence à l'égard de ses contemporains et de ses contemporaines, n'a recueilli sur elle aucune " historiette " scandaleuse. Et voilà encore une excellente référence.

Veuve, elle ne s'est pas remariée. Cette Célimène sans méchanceté n'a écouté ni Alceste, ni Acaste, ni Clitandre, ni Oronte. Pourquoi ?

Elle avait fait du mariage une fâcheuse expérience. Elle avait tendrement aimé son mari, cavalier agréable, bien fait et spirituel. Celui-ci lui avait préféré Ninon de Lenclos et d'autres ; " il aima partout, dit encore Bussy, mais il n'aima jamais rien de si aimable que sa femme ", et ce fut pour les yeux de Mme de Gondran, la belle *Lolo*, qu'il se fit, un beau matin, transpercer par le chevalier d'Albret. Après de pareils déboires, il eût été naturel qu'elle cherchât une revanche. Ce fut, dit-on, l'amour maternel qui l'en détourna, et l'on cite un passage d'une lettre qu'elle écrivit à sa fille. Parlant de la " bonne " princesse de Tarente, dont " le cœur était de cire ", elle ajoutait : " Je ne vois pas qu'elle ait eu assez de loisir pour aimer sa fille au point de se comparer à moi. Il faudrait plus d'un cœur pour aimer tant de choses à la fois. Pour moi, je m'aperçois tous les jours que les gros poissons mangent les petits. Si vous êtes un préservatif, comme vous le dites, je vous suis trop obligée, et je ne puis trop aimer l'amitié que j'ai pour vous. Je ne sais de quoi elle m'a gardée, mais quand ce serait du feu et de l'eau, elle ne me serait pas plus chère. " Ainsi s'expliquerait la vie de Mme de Sévigné. Tout de même, il faudrait savoir si c'est elle qui n'a pas voulu tenter l'aventure, ou si c'est l'aventure qui ne l'a pas tentée. On admettrait volontiers qu'elle a immolé toute autre affection à l'amour de ses enfants, si, après avoir pleuré son mari, elle s'était retirée du monde. Elle s'y jeta à corps perdu et y joua un jeu où, sans une extrême froideur, une femme est assurée de perdre la partie. Mme de Sévigné l'a toujours gagnée. Décidément ce brutal de Bussy n'avait peut-être pas tort. A la sainteté près, Mme de Sévigné tenait de sa grand'mère, sainte Jeanne de Chantal, qui, de son propre aveu, connut toutes les tentations de l'esprit, mais n'eut jamais à " combattre la chair et le sang ".

" Toute sa chaleur était à l'esprit. " Ajoutons : et au cœur, la ressemblance sera parfaite. Elle avait une sensibilité délicate et passionnée. Elle passait tout à ses amis, rien à leurs ennemis. Elle ignorait la rancune, puisqu'elle s'est réconciliée avec Bussy lui-même ; mais elle adoptait jusqu'à l'exécration les ressentiments de ceux qu'elle aimait. Les Grignan s'étant brouillés avec l'évêque de Marseille, elle conçut contre ce prélat une telle haine qu'à confesse le prêtre dut lui refuser l'absolution.

Bussy continue :

Pour avoir de l'esprit et de la qualité, elle se laisse un

peu trop éblouir aux grandeurs de la cour. Le jour que la reine lui aura parlé, et peut-être demandé seulement avec qui elle sera venue, elle sera transportée de joie, et, longtemps après, elle trouvera moyen d'apprendre à tous ceux desquels elle se voudra attirer le respect, la manière obligeante avec laquelle elle lui aura parlé. Un soir que le Roi venait de la faire danser, et s'étant remise à sa place qui était auprès de moi : "Il faut avouer, me dit-elle, que le Roi a de grandes qualités ; je crois qu'il obscurcira la gloire de tous ses prédécesseurs." Je ne pus m'empêcher de lui rire au nez, voyant à quel propos elle lui donnait ces louanges, et de lui répondre : "On n'en peut douter, madame, après ce qu'il vient de faire pour vous." Elle était alors si satisfaite de Sa Majesté que je la vis sur le point, pour lui témoigner sa reconnaissance, de crier : vive le Roi !

Ici le trait porte. Mme de Sévigné fut sans doute un peu trop éblouie des grandeurs de la cour. Mais bien rares les femmes — et les hommes — d'esprit et de qualité qui ne pratiquèrent pas alors l'idolâtrie générale. Et Bussy lui-même ! nous en reparlerons.

Voici maintenant d'atroces injustices. Continuons pourtant notre lecture, ne serait-ce que pour rétablir la vérité méchamment altérée par Bussy. Il avait sollicité de sa cousine un prêt d'argent ; elle avait refusé.

Il y a des gens qui ne mettent que les choses saintes pour bornes à leur amitié et qui feraient tout pour leurs âmes à la réserve d'offenser Dieu. Ces gens-là s'appellent amis jusqu'aux autels. L'amitié de Mme de Sévigné a d'autres limites : cette belle n'est amie que jusqu'à la bourse ; il n'y a qu'elle de jolie femme au monde qui se soit déshonorée par l'ingratitude... Ceux-là qui la veulent excuser disent qu'elle défère en cela au conseil des gens qui savent ce que c'est que la faim et qui se souviennent encore de leur pauvreté.

La plus grande application qu'a Mme de Sévigné est à paraître tout ce qu'elle n'est pas...

Mme de Sévigné est inégale jusqu'aux prunelles des yeux et jusqu'aux paupières ; elle a les yeux de différentes couleurs, et les yeux étant les miroirs de l'âme, ces égarements sont comme un avis que donne la nature à ceux qui l'approchent de ne pas faire un grand fondement sur son amitié.

Ces vilenies se réfuteront d'elles-mêmes quand on verra de quelle façon elle aimait ses amis et comment la mort seule a dénoué les amitiés qu'elle avait formées dans sa jeunesse. Mais il faut s'arrêter au reproche d'avarice. Là-dessus on a parfois écouté Bussy avec trop de complaisance.

Elle fut toujours bonne ménagère, attentive et scrupuleuse. Les frasques et les gaspillages de son mari l'avaient obligée à une sévère économie. Quand ses enfants eurent recueilli la plus grande

part des biens paternels, elle subsista — péniblement — du revenu de quelques terres et d'une
pension que lui faisait son fils. Les dernières années
de sa vie, elle se débattit contre de cruels embarras. Un an avant sa mort, elle écrivait qu'elle
pensait mourir sans argent comptant, mais aussi
sans dettes, et " c'est assez, disait-elle, pour une
chrétienne ". Son vœu ne fut pas exaucé ; à son
décès, elle devait 70.000 livres. L'avarice cependant lui faisait horreur : " Je serais bien fâchée,
ma chère enfant, d'être capable de faire ce que je
fais pour avoir de l'argent de reste ; je craindrais
l'avarice qui est ma bête ; mais je suis bien en
sûreté de cette vilaine passion ; je ne saurais douter au contraire que je ne sois dévorée de l'amour
de la justice. Aussi je vais sans crainte et sans
honte dans le chemin de cette sainte économie que
vous approuvez. "

Elle avait remis le soin de sa fortune à son
oncle, l'abbé de Coulanges, que, dans la famille,
on avait surnommé le *bien bon* : c'était un honnête
homme de vie régulière et d'humeur un peu cha-
grine, ordonné, méticuleux et maniaque, qui était
tout occupé " des beaux yeux de sa cassette " ou,
pour mieux dire, de la cassette de sa nièce. Il
passait son temps à empiler des jetons pour dé-

brouiller les comptes de la marquise. Mme de
Sévigné l'aimait tendrement. C'était à lui que
s'adressait tout à l'heure l'allusion de Bussy. Mme
de Sévigné s'en souvenait, lorsque, après la mort
du *bien bon*, elle écrivait à son cousin :

Je lui avais, comme vous savez, des obligations infinies.
Je lui devais la douceur et le repos de ma vie ; c'est à lui
que vous devez la joie que j'apportais dans votre société ;
sans lui nous n'aurions jamais ri ensemble ; vous lui devez
toute ma gaieté, ma belle humeur, ma vivacité, le don que
j'avais de vous bien entendre, l'intelligence qui me faisait
comprendre ce que vous m'aviez dit et deviner ce que
vous alliez dire ; en un mot, le bon abbé en me retirant
des abîmes où M de Sévigné m'avait laissée, m'a rendue
telle que vous m'avez vue et digne de votre estime et de
votre amitié. Je tire le rideau sur vos torts ; ils sont
grands, mais il les faut oublier, et vous dire que j'ai senti
vivement la perte de cette agréable source de tout le
repos de ma vie. Il est mort en sept jours, d'une fièvre
continue, comme un jeune homme, avec des sentiments
chrétiens dont j'étais extrêmement touchée, car Dieu m'a
donné un fonds de religion qui m'a fait regarder assez
solidement cette dernière action de la vie. La sienne a
duré quatre-vingts ans: il a vécu avec honneur, il est mort
chrétiennement. Dieu nous fasse la même grâce !

***

Sa gaieté, sa belle humeur, sa vivacité, cet air

de joie qu'elle mettait dans ses propos et dans ses lettres, Bussy ne les a pas niés, dans son méchant portrait. Il faut pourtant y insister. Ce sont là les traits qui frappent dès l'abord et demeurent dans la mémoire.

Mme de Sévigné dut, dit-elle, cette belle humeur à la tranquillité d'esprit que lui assura le *bien bon*. Elle la dut aussi à sa santé florissante. Cette blonde, alerte et robuste, ne connut ni maladie ni malaise jusqu'à quarante-huit ans ; alors quelques vapeurs l'incommodèrent, qui revinrent encore l'année suivante : "C'étaient les adieux de ce qu'on croyait parti." A cinquante ans, une violente attaque de rhumatisme la cloua dans son lit et lui fit enfler les mains. Mais, bientôt rétablie, elle constata que jamais sa taille n'avait été aussi merveilleuse et son teint aussi beau ; cette taille et ce teint étaient les plus vifs agréments de sa personne; elle les conserva jusque dans la vieillesse. Pour ne pas désobliger les médecins, rassurer sa fille et voir du pays, elle fut aux eaux de Vichy. Elle en revint en si bel état que son cousin le "petit Coulanges" s'écriait en la revoyant : "Nous la tenons enfin, cette incomparable mère beauté, plus incomparable et plus mère beauté que jamais." Elle se plaindra, de temps en temps, de quelques vapeurs, d'un peu de néphrite et de rhumatisme ; mais ni les saignées qu'elle déteste, ni les remèdes dont elle abuse, quand c'est sa fille qui les lui conseille, ne triompheront de son heureuse complexion jusqu'à la brève maladie qui l'emportera.

Comment une femme qui, à soixante-quatre ans, mordant à même sa beurrée, y marquait toutes ses dents, n'eût-elle pas aimé la vie ? Comment n'eût-elle pas donné raison à Montaigne jugeant que "la plus expresse marque de la sagesse est une esjouissance constante" ?

Bienfaisante gaieté qui la garda des dangers d'un esprit trop prompt et d'une sensibilité trop ardente.

Pour s'épanouir, une pareille nature avait besoin de vivre dans un air d'amitié et de bienveillance. Étant de Bourgogne, le pays des "trouveurs à redire", elle adorait la raillerie. Elle y excellait, car elle tenait des Rabutin, ses aïeux, une magnifique désinvolte pour dire aux gens leurs quatre vérités. Son père, c'est elle qui nous le raconte, écrivait à Schomberg qui venait d'être fait maréchal de France :

Monseigneur,

Qualité, barbe noire, familiarité.

                              Chantal.

Il voulait dire par là que Schomberg avait été
fait maréchal, parce qu'il avait de la qualité, une
barbe noire comme Louis XIII et de la familiarité
avec lui. Elle ajoutait : " Il était joli, mon père ! "
Elle aussi *rabutinait* à merveille, mais elle émous-
sait la pointe de la raillerie ; pour ne point troubler
sa propre allégresse, elle évitait de blesser autrui.

Et sa naturelle gaieté la sauva aussi du désespoir où la jetaient les absences et l'insensibilité de
sa fille. Un jour, Jules Lemaître ayant un peu
tarabusté Mme de Sévigné finissait en protestant
de son affection pour *cette grosse mère-la-joie qui
fut, à certaines minutes, je le crois, une mère de
douleur. Grosse* eût fait enrager Mme de Sévigné
qui, passé la cinquantaine, se vantait d'avoir
vaincu l'embonpoint et conservé le dos plat.
Pour le reste, rien de plus vrai. Et ces
minutes-là furent terribles, car elle avait la
fibre délicate et l'imagination brûlante. Mais
elle trouvait en elle-même tant de ressources
pour ne point se laisser abattre ! D'abord, les
larmes : elle en versait des torrents, et, après

avoir fait jouer la fontaine, comme elle disait, elle sentait sa peine à demi apaisée. Ensuite, tout lui était divertissement : la lecture, la musique, la causerie, le clair de lune, le silence de la campagne et le bruit du monde. Enfin, elle avait sa philosophie et sa religion qui bientôt lui rendaient le repos et la joie. Sagesse humaine et résignation chrétienne s'accordaient pour la consoler des contrariétés et des orages.

Quelle sottise, disait-elle à Bussy, de ne point suivre les temps et de ne point jouir avec reconnaissance des consolations que Dieu nous envoie après les afflictions qu'il veut quelquefois nous faire sentir! La sagesse est grande, ce me semble, de souffrir la tempête avec résignation, et de jouir du calme, quand il lui plaît de nous le redonner : c'est suivre l'ordre de la Providence. La vie est trop courte pour s'arrêter longtemps sur le même sentiment; il faut prendre le temps comme il vient, et je sens que je suis de cet heureux tempérament: *e me ne preggio* (et je m'en estime), comme disent les Italiens. Jouissons, mon cher cousin, de ce beau sang [le sang des Rabutin] qui circule si doucement et si agréablement dans nos veines.

*
* *

La joie de vivre est la source de sa bonté et le secret de son bonheur. La joie d'écrire fait la plus grande beauté de son style.

Elle est un de ces écrivains dont parle La Bruyère, " qui écrivent par humeur, que le cœur fait parler, à qui il inspire les termes et les figures, et qui tirent, pour ainsi dire, de leurs entrailles tout ce qu'ils expriment sur le papier ". Aussi quand on a prononcé le mot de *naturel* a-t-on à peu près tout dit de son style, à condition d'entendre par ce mot ce qui est conforme non pas à nos goûts et à nos habitudes, mais à la nature même de l'écrivain. Il y a chez Mme de Sévigné des coquetteries de langage qui peuvent paraître affectées, c'est un naturel de plus.

Veut-on cependant définir avec un peu plus de précision l'originalité de la langue et des tournures de Mme de Sévigné, c'est encore La Bruyère qu'il faut citer. Parlant de la littérature épistolaire, il juge que les femmes y surpassent les hommes. " Elles trouvent, dit-il, sous leur plume, des tours et des expressions qui souvent, en nous, ne sont l'effet que d'un long travail et d'une pénible recherche ; elles sont heureuses dans le choix des termes, qu'elles placent si juste, que tout connus qu'ils sont, ils ont le charme de la nouveauté, et semblent être faits seulement pour l'usage où elles les mettent ; il n'appartient qu'à elles de faire lire dans un seul mot tout un sentiment, et de rendre délicatement une pensée qui est délicate : *elles ont un enchaînement de discours inimitable qui se sent naturellement et qui n'est lié que par le sens.*" Peut-être La Bruyère avait-il lu quelques lettres de Mme de Sévigné. En tout cas, ces remarques, surtout la dernière, relative à *l'enchaînement du discours,* s'appliquent à merveille au style de la marquise...

Mais l'analyse littéraire la plus exacte, la plus subtile ne vaudra jamais la lecture d'une lettre de Mme de Sévigné. Certains de ses récits les plus célèbres figurent dans toutes les anthologies : le mariage de la Grande Mademoiselle, la mort de Vatel, la procession de Sainte-Geneviève, la fenaison, la maladie de Mme de Brissac. Au cours de nos causeries, j'aurai l'occasion de citer un grand nombre de ses lettres. Aujourd'hui, pour vous donner une idée de sa manière de conter, je vous lirai seulement l'aventure de M. de Béthune. Nous avons la chance de rencontrer la même historiette rapportée dans une autre correspondance du temps. Les deux textes, rapprochés l'un de l'autre, feront voir comment Mme de Sévigné fit de l'anecdote un chef-d'œuvre.

La duchesse d'Uxelles écrivait à son ami le comte de La Garde, le 28 mars 1689 :

Il arriva ici une étrange aventure jeudi au soir. Le comte de Béthune, appelé par sobriquet *Cassepot*, frère de celui qui est en Pologne, âgé de plus de soixante ans, a violé le droit d'hospitalité en séduisant, chez M. le duc d'Estrées qui lui avait donné retraite, Mlle de Vaubrun, la sœur de sa femme, qui n'a pas dix-sept ans. Mlle de Vaubrun s'était mise aux filles de Sainte-Marie du faubourg Saint-Germain, le lundi gras, pour mieux cacher son jeu. Béthune fut l'enlever à ce couvent avec un exempt et quatre gardes de M. de Gèvres (M. de Gèvres était gouverneur de Paris), qui enfoncèrent la grille du parloir à coups de bûches et amenèrent la demoiselle à l'hôtel de Gèvres. Les avis étant donnés de part et d'autre, le lieutenant criminel se transporta sur les lieux et parla, vendredi au matin, à M. de Gèvres. Celui-ci dit n'avoir point connaissance du fait, hors que M. de Béthune lui avait demandé une chambre, et que, pour ses gardes, ils ne logeaient pas chez lui. Le duc de Gèvres alla ensuite à Versailles et montra au roi un certificat de Mlle de Vaubrun qu'elle était mariée. Il lui demanda pardon et dit qu'il croyait n'avoir point fait de mal. Il reçut là-dessus une réprimande, le roi lui remontrant qu'il ne lui avait pas donné le gouvernement de Paris pour ne point maintenir la justice, et la fille fut ramenée le soir à la maison... On croit que M. d'Estrées a consenti à laisser la vie sauve à M. de Béthune qui va en Suisse, mais qu'il veut que l'affaire soit poursuivie, afin qu'il ait la tête coupée en effigie. On ajoute que non seulement sa colère est très grande contre lui mais aussi contre M. le duc de Gèvres que M. de Lamoignon et M. le procureur général allèrent voir sur-le-champ pour le désabuser sur ce qu'il pensait que cette action était fort indifférente...

Telle était l'affaire consciencieusement rapportée par une personne qui, assurément n'avait pas le don de conter, et encore suis-je obligé de débroussailler un peu sa syntaxe à votre intention.

Voici maintenant le chef-d'œuvre :

Écoutez un peu ceci, ma bonne. Connaissez-vous M. de Béthune, le berger extravagant de Fontainebleau, autrement *Cassepot* ? Savez-vous comme il est fait ? Grand, maigre, un air de fou, sec, pâle... Tel que le voilà, il logeait à l'hôtel de Lyonne avec le duc, la duchesse d'Estrées, Mme de Vaubrun et Mlle de Vaubrun. Cette dernière alla, il y a deux mois, à Sainte-Marie du faubourg Saint-Germain : on crut que c'était le bonheur de sa sœur qui faisait cette religieuse et qu'elle aurait tout le bien. Savez-vous ce que faisait ce *Cassepot* à l'hôtel de Lyonne? L'amour, ma bonne, l'amour avec Mlle de Vaubrun : tel que je vous le figure, elle l'aimait. Benserade dirait là-dessus, comme de Mme de Ventadour qui aimait son mari : " Tant mieux, si elle aime celui-là, elle en aimera bien un autre. " Cette petite fille de dix-sept ans a donc aimé ce Don Quichotte; et hier, il alla, avec cinq ou six gardes de M. de Gèvres, enfoncer la grille du couvent avec une bûche et des coups redoublés : il entre avec un homme à lui dans ce couvent, trouve Mlle de Vaubrun qui l'attendait, la prend, l'emporte, la met dans un carosse, la

mène chez M. de Gèvres, fait un mariage sur la croix de
l'épée, couche avec elle ; et le matin, dès la pointe du
jour, ils sont disparus tous deux et on ne les a pas encore
trouvés. En vérité, c'est là qu'on peut dire encore :

Agnès et le corps mort s'en sont allés ensemble.

Le duc d'Estrées crie qu'il a violé les droits de l'hospitalité. M{mc} de Vaubrun veut lui faire couper la tête.
M. de Gèvres dit qu'il ne savait pas que ce fût Mlle de
Vaubrun. Tous les Béthunes font quelque semblant de
vouloir empêcher qn'on ne fasse le procès de leur sang.
Je ne sais pas encore ce qu'on en dit à Versailles. Voilà,
ma chère bonne, l'évangile du jour ; vous connaissez
cela, on ne parlait d'autre chose. Que dites-vous de
l'amour? Je le méprise quand il s'amuse à de si vilaines
gens. (25 mars 1689.)

Et trois jours après Mme de Sévigné conte à sa
fille la fin de l'aventure :

... M. de Gèvres... courut à Versailles dire au roi
qu'étant ami de M. de Béthune, il n'avait pu se dispenser
de le servir. Le roi le gronda, lui dit qu'il ne lui avait pas
donné le gouvernement de Paris pour en faire un tel
usage : il demanda pardon, le roi s'est adouci. Pour M. de
Béthune, il peut s'en aller où il voudra ; mais si on le
prenait et qu'on lui fit son procès, homme vivant ne le
pourrait sauver : toute la famille des Béthunes tâchera de
l'empêcher de se représenter. M. de Lamoignon a ramené
la fille chez sa mère qui pensa crever en la revoyant. Elle
dit qu'elle n'est point mariée ; elle a pourtant passé deux
nuits avec ce vilain *Cassepot*. On dit qu'elle est mariée, il

y a quatre mois, qu'elle l'a écrit au roi. Rien n'est si extravagant que toute cette affaire. Le duc d'Estrées est outré qu'un homme qu'il logeait généreusement, ait ainsi blessé et outragé l'hospitalité. Ils se prirent de paroles, le duc de Charost (proche parent de M. de Béthune) et lui : c'était le jour de Notre-Dame (l'Annonciation). Le duc d'Estrées poussait un peu loin les reproches et les menaces et ne ménageait point les termes ; le duc de Charost pétillait, et lui dit : " Monsieur, si je n'avais point communié aujourd'hui, je vous dirais et cela et cela encore " ; et finit : " Car enfin, sans la belle Gabrielle, notre ami, vous seriez assez obscur ; vous avez eu sept tantes qu'on appelait les sept péchés mortels ; ce sont vos plus belles preuves. " Le duc d'Estrées montait aux nues, et rien n'était plus plaisant que de dire tout cela, croyant ne rien dire ; et nous disions hier au soir : " Songez que voilà son style le jour de communion, qu'aurait-il fait un autre jour ? " (25 mars 89).

Crayonner un bonhomme en trois traits, filer une histoire, faire saillir le comique d'un propos ou d'une attitude, ce n'est qu'une part du talent de Mme de Sévigné. De cette même prose souple et imagée elle a tracé des tableaux dramatiques et poignants, comme le désespoir du maréchal de Grammont à la mort de son fils, le deuil de la France au trépas de Turenne. Enfin elle s'en est servi pour exprimer la beauté et jusqu'à l'âme des paysages.

Les hommes et les femmes du dix-septième
siècle furent-ils insensibles au charme de la nature?
On l'a dit, on a prétendu que jusqu'à Jean-Jacques
Rousseau l'âme française avait été fermée à la
séduction des campagnes et des forêts. Il n'en faut
rien croire. Au dix-septième siècle, il y avait encore
des gentilshommes campagnards qui vivaient heureux sur leurs terres ; tout riche bourgeois possédait sa maison des champs ; tous les écrivains
aimaient à faire la retraite à la campagne ; Bossuet
se plaisait à Germigny sur les rives de la Marne,
Boileau s'en fut loger à Auteuil, village rustique
entre la rivière et les bois. Pourquoi ces honnêtes
gens, qui avaient des yeux faits comme les nôtres
pour sentir la beauté des lignes et des couleurs,
auraient-ils ignoré les émotions et les rêveries que
nous donne le spectacle de la nature ? Quand Mme
de Sévigné se plaît au clair de lune ou au chant
des rossignols, elle le dit à ses correspondants,
comme la chose la plus naturelle du monde, et
ceux-ci ne semblent en marquer aucune surprise.
On a donc aimé la nature au dix-septième siècle,
comme dans tous les temps, mais alors, ce n'était
point la mode d'en parler ni surtout d'en écrire.
Jamais il n'y eut littérature plus impersonnelle. Il
eût paru inconvenant qu'au lieu de composer un

ouvrage régulier : comédie, tragédie, épopée, sermon, histoire, un auteur se permît d'occuper le lecteur de soi-même et de lui communiquer ses impressions. A la rigueur on le passait aux poètes, et heureusement La Fontaine a profité de cette licence, comme de beaucoup d'autres. Or, Mme de Sévigné — il faut toujours en revenir là — n'était pas un auteur, elle ne parlait pas au public, elle était libre de ses confidences, comme dans une causerie. Et de toutes les confidences qu'elle a faites à ses correspondants, la plus jolie, la plus gracieuse et la plus rare est celle de son goût pour la campagne.

Soit à Livry — dans l'abbaye du *bien bon*, — soit aux Rochers, " cette solitude faite exprès pour y rêver ", tout l'enchante : le ciel, les saisons, " le bruit des oiseaux qui commencent d'annoncer le printemps, " l'odeur des chèvrefeuilles, le " triomphe du mois de mai ", les mystères du clair de lune, la fraîcheur et le silence des nuits d'été, les magnificences de l'automne. Sans doute ces lieux lui sont chers, parce que tout y évoque le souvenir de sa fille. Les plus beaux ombrages sont ceux sous lesquels elle espère rencontrer le fantôme de Mme de Grignan. Mais elle aime aussi les arbres pour les jeux de lumière et de couleur dont ils

amusent ses yeux. " Je suis venue achever ici
(à Livry) les beaux jours, et dire adieu aux feuilles ; elles sont encore toutes aux arbres ; elles n'ont
fait que changer de couleur ; au lieu d'être vertes,
elles sont aurore et de tant de sortes d'aurore que
cela compose un brocart d'or riche et magnifique
que nous voulons trouver plus beau que du vert,
quand ce ne serait que pour changer. " (3 novembre 1677). Et avec quels accents elle se désespère
en voyant que son fils a fait couper les arbres
autour de son château de Buron ! " ...Toutes ces
Dryades affligées que je vis hier, tous ces vieux
Sylvains qui ne savent plus où se retirer, tous ces
anciens corbeaux établis depuis deux cents ans dans
l'horreur de ces bois, ces chouettes qui, dans cette
obscurité, annoncent, par leurs funestes cris, le
malheur de tous les hommes, tout cela me fit hier
des plaintes qui me touchèrent sensiblement le
cœur ; et que sait-on même si plusieurs de ces vieux
chênes n'ont point parlé, comme celui où était
Clorinde ? Ce lieu était un *luogo d'incanto*, s'il en
fut jamais ; je revins toute triste..." (27 mai 1680.)
Il y a là dedans, pour notre goût, un peu trop de
mythologie et de littérature ; mais la plainte n'en
est pas moins touchante, elle fait écho à celle de
Ronsard pleurant les chênes de la forêt de Gâtine :

Escoute, bûcheron, arrête un peu le bras,
Ce ne sont pas des bois que tu jettes à bas,
Ne vois-tu pas le sang, lequel dégoute à force
Des nymphes qui vivaient dessous la dure écorce ?

****

On s'est souvent demandé ce que Mme de Sévigné devait à ses maîtres, à son entourage et à ses lectures. Tout compté, sa dette fut légère.

Ses maîtres ? Ce sont Chapelain et Ménage : ils lui enseignèrent l'italien, l'espagnol et un peu de latin. C'était d'ailleurs tout ce que lui pouvaient apprendre ces deux pédants. Chapelain, honnête homme, assez bon critique, écrivait en prose moins mal qu'en vers, mais il écrivait mal et, somme toute, l'arrêt de Boileau fut sans appel. Et Molière, non plus, ne s'est trompé quand il a ridiculisé Ménage et fait de lui le Vadius des *Femmes savantes*. C'était un bel esprit vaniteux et galant, savant mais un peu cuistre, faiseur d'épigrammes et de bons mots. Il s'éprit de son élève, il n'avait que treize ans de plus qu'elle. Celle-ci n'en conçut ni ressentiment ni frayeur. Elle était coquette, et Ménage n'était pas compromettant. Un jour qu'elle l'invitait à monter dans son carrosse, et qu'il marquait son dépit d'être jugé aussi peu redoutable ;

" Allons, montez, dit-elle, ou, si vous me fâchez,
j'irai vous voir chez vous. " Rechignant et gron-
dant, exhalant en prose et en vers sa colère contre
la "tigresse au cœur d'acier ", Ménage dut accepter le rôle d'ami et de confident. " Je suis votre
confesseur, gémissait-il, et j'ai été votre martyr.
— Et moi votre vierge, " répondait-elle. Par
bonheur, on a conservé quelques billets écrits par
elle à l' "ami Ménage " : ils sont délicieux ; elle
y enseigne à cet amoureux insupportable comment
il faut aimer ; elle eût été très capable de lui
enseigner aussi comment il faut écrire.

Mme de Sévigné aurait, dit-on, subi l'influence
de l'hôtel de Rambouillet et des " ruelles " où
elle fréquenta dans sa jeunesse. C'est là que se
seraient formés son goût et son style. L'hôtel de
Rambouillet a joué un rôle important (on l'a
peut-être un peu exagéré) dans les lettres et les
mœurs françaises. Précieux et précieuses mirent à
la mode une politesse, une pureté de langage,
inconnues des contemporains de Henri IV, et
introduisirent dans la langue d'heureuses nou-
veautés. Quant aux mœurs, il n'était pas au pouvoir
de quelques femmes spirituelles et vertueuses de
les rendre beaucoup meilleures : à travers les lettres
de Mme de Sévigné, il apparaît que derrière une

façade majestueuse, superbement ordonnée, le dix-
septième siècle ne fut ni plus ni moins immoral
que tous les siècles passés et à venir ; mais la belle
façade fut en partie l'œuvre des salons et des
ruelles sous Louis XIII et sous la régence d'Anne
d'Autriche. Tout cela est vrai, mais par une rencontre singulière, entre tous les écrivains du dix-
septième siècle, il n'en est pas un qui, moins que
Mme de Sévigné, porte l'empreinte de l'hôtel de
Rambouillet. Elle compta sans doute parmi les
précieuses les plus célèbres, sous le nom de *Sophro-
nie*, et resta toujours l'amie des habituées de la
Chambre bleue ; peut-être même, en cherchant bien,
découvrirait-on çà et là dans ses lettres quelques-
unes de ces pointes qui faisaient les délices de la
fille et de la nièce de Gorgibus. Mais ce ne sont
certes pas les précieuses qui lui ont enseigné à
écrire de ce style juste, rapide et direct, — si juste
qu'il ne recule pas devant le mot propre et dit
tout avec une verdeur souvent rabelaisienne, si
rapide que parfois on perd le fil du discours, si
direct qu'on croit à tout moment surprendre la
moue des lèvres ou le clignement de l'œil. A l'hôtel
de Rambouillet, on cultivait un style oratoire,
noble, impersonnel, un grand style sans abandon,
sans négligence, tout en métaphores et qui, par

dédain du commun et du familier, tombait dans le vague ou dans l'emphase. De ce style-là, on retrouve les traces chez Fléchier, chez Mme de La Fayette, chez Racine, même chez Bossuet ; jamais chez Mme de Sévigné.

Serait-elle enfin de ces écrivains qui ont beaucoup lu, beaucoup imité avant de posséder un style qui leur appartînt en propre et se sont formés à l'école de leurs devanciers et de leurs contemporains ? Elle a beaucoup lu, et elle s'est ainsi enrichi l'esprit de connaissances très diverses ; c'est d'elle qu'on peut dire qu'elle avait des " clartés de tout ". Elle lisait du français, de l'italien, un peu de latin, des anciens et des modernes, de la théologie et des comédies, du roman et de l'histoire, des gazettes et des poèmes, Rabelais et saint Augustin, Tacite et La Calprenède, Cervantes et le Père Maimbourg. Il n'y a pas un auteur de son temps — La Bruyère excepté — dont elle ne fasse mention dans ses lettres. Sur la plupart elle donne son avis, et on lui a même reproché certaines injustices, comme si, dans tous les temps, les critiques, même les plus avisés, n'avaient pas commis de lourdes bévues, dès qu'ils se sont mêlés de juger leurs contemporains et de devancer la postérité ! Il lui est arrivé de louer des auteurs médiocres ; mais elle a aimé La Fontaine et Molière : ses lettres sont farcies de vers et de locutions tirées de leurs ouvrages. C'est assez pour nous révéler son goût. Mais ce n'est ni dans les fables de La Fontaine ni dans les comédies de Molière qu'elle a cherché des modèles, encore moins dans les sermons de Bourdaloue qui la " transportaient " ou dans les *Oraisons funèbres* de Bossuet qu'elle appelait des " chefs-d'œuvre d'éloquence ". D'ailleurs, quand ces auteurs publièrent leurs chefs-d'œuvre, il y avait beau temps que Mme de Sévigné écrivait des lettres. Celles qu'elle a adressées à Pomponne sur le procès de Foucquet et où elle est tout entière, sont de 1664.

Elle est bien l'écrivain né et qui n'a subi aucune autre influence que " du ciel l'influence secrète ", comme dit Boileau. Elle a *sa* syntaxe avec les négligences, les brusqueries, les raccourcis et les redites de la conversation, mais assez souple, assez ductile pour rendre tous les retours de la pensée, toutes les nuances du sentiment. Elle a *sa langue* où s'entremêlent des mots anciens ramassés dans Marot, Rabelais ou Montaigne, des mots tout neufs qui viennent à peine d'entrer dans le vocabulaire, et des mots délicieusement forgés. Elle ne doit rien à personne ; elle est la filleule des fées.

Cette façon d'écrire ravit ou déconcerte, enchante ou exaspère. Ai-je besoin de vous dire qu'elle m'enchante ? Si elle ne m'enchantait pas, je me serais bien gardé de vous infliger six causeries sur Mme de Sévigné.

Je dirai volontiers d'elle, ce qu'elle disait de Benserade et de La Fontaine, un jour que Furetière les avait attaqués. (Évidemment, il est un peu singulier de faire voisiner ainsi dans l'éloge Benserade et La Fontaine ; mais Benserade avait jadis rimé des madrigaux en l'honneur de Mlle de Sévigné, quand elle n'était pas encore Mme de Grignan, et dansait à la cour. Pour Mme de Sévigné cela emportait tout.) Elle disait donc aux détracteurs de La Fontaine et Benserade (comme j'aimerais mieux qu'elle l'eût dit seulement aux détracteurs de La Fontaine !) :

Il y a de certaines choses qu'on n'entend jamais, quand on ne les entend pas d'abord : on ne fait point entrer certains esprits durs et farouches dans le charme et dans a facilité des ballets de Benserade et des fables de La Fontaine : cette porte leur est fermée, et la mienne aussi ; ils sont indignes de comprendre jamais ces sortes de beautés et sont condamnés au malheur de les improuver, et d'être improuvés aussi des gens d'esprit. Nous avons trouvé beaucoup de ces pédants. Mon premier mouvement est toujours de me mettre en colère, et puis de tâcher de les instruire ; mais j'ai trouvé la chose absolument impossible. C'est un bâtiment qu'il faudrait reprendre par le pied ; il y aurait trop d'affaires à le vouloir réparer ; et enfin nous trouvions qu'il n'y avait qu'à prier Dieu pour eux ; car nulle puissance humaine n'est capable de les éclairer. "

Prions Dieu, mes frères, pour les esprits durs et farouches qui n'entrent pas dans le charme et dans la facilité de Mme de Sévigné. Et fermons-leur notre porte.

COMMENT ELLE AIMAIT
SES AMIS

ROGER DE BUSSY-RABUTIN
Gravé par ÉDELINCK
d'après LE FEBVRE

Mme de Sévigné écrit un jour à sa fille : " Ah ! mon enfant, qu'il est aisé de vivre avec moi ! Qu'un peu de douceur, d'espèce de société, de confiance même superficielle, que tout cela me mène loin ! Je crois, en vérité, que personne n'a plus de facilité que moi dans le commerce de la vie. " Ailleurs, elle dit qu'elle ignore entièrement " les délices de l'inconstance " ; ailleurs encore, que " l'ingratitude est sa bête d'aversion ". Un commerce agréable, de la constance, de la fidélité, voilà les trois vertus sur lesquelles se fonde la véritable amitié.

Mme de Sévigné eut beaucoup d'amis ; je ne puis songer à vous les présenter tous. Je suis obligé de laisser de côté le comte et la comtesse de Guitaut auxquels elle a adressé des lettres affectueuses et charmantes, la marquise de Lavardin, la marquise de La Troche, le marquis de Pomponne auquel elle témoigna tant d'affection, quand il fut en disgrâce. Nous retrouverons le cardinal de Retz au cours d'une autre causerie. Aujourd'hui je parlerai seulement de Nicolas Foucquet, de Bussy-Rabutin de M. et Mme de Coulanges et de Mme de La Fayette.

Elle ne leur donne pas à tous la même sorte d'amitié, et en découvrant à travers ses lettres comment elle aime chacun d'eux, nous distinguerons les nuances diverses de sa sensibilité. Comment connaître un paysage, si on ne l'a vu dans toutes les saisons et à toutes les heures du jour ?

Nous connaissons de Foucquet deux portraits : l'un de Sébastien Bourdon représente un jeune homme artficieux et passionné : des yeux de ruse, des lèvres jouisseuses, des mains séductrices et un air de feinte nonchalance. Le second est une gravure de Nanteuil : Foucquet est à l'apogée de sa fortune ; les années ont plissé son visage, creusé ses traits, mais les yeux ont gardé leur brûlante et menteuse beauté, les lèvres se gonflent toujours d'une volupté inassouvie. L'une et l'autre image révèlent une de ces natures dont la duplicité frappe à la première rencontre, capables pourtant d'éveiller et retenir de ferventes amitiés, car, à force de vouloir plaire, elles peuvent donner l'illusion de la bonté, même de la tendresse.

Ce n'était pas un parvenu grossier. Issu d'une famille parlementaire, il avait été élevé parmi des amateurs de livres, de tableaux et de médailles. Il recevait et pensionnait des poètes, il lisait même leurs vers. Il cultivait en amateur la poésie de salon, mais son goût valait mieux que ses bouts rimés. Enfin, il avait édifié le château de Vaux qui, avec ses magnifiques jardins, ses bosquets et ses fontaines, était une des plus belles résidences de France.

Il y avait à peu près deux ans que Mme de Sévigné était veuve quand Foucquet se déclara. Ce qu'il en advint, nous allons le savoir par une lettre de Bussy à sa cousine : " Je suis bien aise que vous soyez satisfaite du surintendant. C'est une marque qu'il se met à la raison, et qu'il ne prend plus tant les choses à cœur qu'il faisait. Quand vous ne voulez pas, madame, ce qu'on veut, il faut bien vouloir ce que vous voulez ; on est encore trop heureux de demeurer de vos amis. Il n'y a guère que vous dans le royaume qui puisse réduire ses amants à se contenter de l'amitié ; nous n'en voyons point qui d'amant éconduit ne devienne ennemi, et je suis persuadé qu'il faut qu'une femme ait un mérite extraordinaire pour faire en sorte que le dépit d'un amant malheureux ne le porte pas à un coup d'éclat " (17 août 1654). On voit qu'en ce temps-là, Bussy était loin de penser de Mme de Sévigné tout le mal qu'il en devait dire un jour dans l'*Histoire amoureuse des Gaules.*

Foucquet ne se résigna pas. Un an après, Bussy demandait encore à sa cousine des nouvelles de l'amour du surintendant, et elle répondait : " J'ai toujours avec lui les mêmes précautions et les mêmes craintes, de sorte que cela retarde notablement les progrès qu'il voudrait faire. Je crois qu'il se lassera enfin de recommencer toujours inutilement la même chose. "

Se lassa-t-il ? Ou bien Mme de Sévigné dut-elle prendre toujours les mêmes précautions, montrer les mêmes craintes ? On l'ignore. Quoi qu'il en fût, la douleur qu'elle ressentit, six ans plus tard, à la chute de Foucquet, montra bien la solidité de son attachement.

Une fâcheuse mésaventure vint alors mettre le comble à son chagrin. La justice saisit les cassettes de Foucquet : elles ne contenaient pas seulement des secrets d'État. On y trouva aussi des liasses de billets doux, parmi lesquels s'étaient glissées des lettres de Mme de Sévigné, — lettres bien innocentes, dit-elle, et qui concernaient uniquement les affaires d'un de ses parents, M. de la Trousse. Elle n'en fut pas moins calomniée et chansonnée. Alors, de Bretagne où elle se trouvait, elle supplia ses amis de la défendre. Mme de La Fayette, Pomponne, Chapelain, Ménage se mirent en campagne, chacun d'eux plaidant à sa manière. Je voudrais en passant vous montrer la manière de Chapelain. Ce brave homme était, comme on dit aujourd'hui, la gaffe même.

Qu'est-ce donc que cela, ma très chère ? écrit-il à Mme de Sévigné. N'était-ce pas assez de ruiner l'État et de rendre le roi odieux à ses peuples par les charges énormes dont ils étaient accablés et de tourner toutes ses finances en dépenses imprudentes et en acquisitions insolentes qui ne regardaient ni son honneur, ni son service, et au contraire qui allaient à se fortifier contre lui et à lui débaucher ses sujets et ses domestiques ? Fallait-il encore, par surcroît de dérèglement et de crime, s'ériger un trophée des faveurs ou véritables ou apparentes de la pudeur de tant de femmes de qualité, et tenir un registre honteux de la communication qu'il avait avec elles, afin que le naufrage de sa fortune emportât avec lui leur réputation ? Est-ce, je ne dis pas être honnête homme, comme ses flatteurs, les Scarron, les Pellisson, les Sapho (Mlle de Scudéry) et toute la canaille intéressée l'ont tant prôné, mais homme seulement, de ceux qui ont seulement la moindre lumière et qui ne font pas profession de brutalité ?... J'ai couru tous les réduits où l'on a créance en mes paroles pour y soutenir votre justice et pour éclaircir tout le monde charitable, de l'occasion si louable qui vous a quelquefois obligée à lui écrire des billets... (3 octobre 1661.)

Évidemment Chapelain a raison. Oui, Foucquet a intrigué, volé et prévariqué et c'est très justement

que le roi lui fait rendre gorge. Oui, il a été ridi-
culement flagorné par ses artistes et ses poètes. Oui,
il eût été plus honnête à lui de brûler les lettres
de ses maîtresses que de les garder dans une cassette,
mêlées à des papiers politiques. Mais était-ce bien
Mme de Sévigné qu'il fallait assommer de ces périodes
cicéroniennes, elle qui, la veille encore, prenait sa
part des réjouissances de Vaux et comptait tant
d'amis dans " la canaille intéressée " ? Et la belle
idée que se faisait Chapelain de son ancienne élève,
en la croyant incapable de pardon, de pitié et de
tendresse devant une pareille infortune !

Voici maintenat le procès dont elle va conter les
péripéties à M. de Pomponne, jour par jour, heure
par heure, sur les rapports que lui viennent faire
ses amis du Parlement, à l'issue de chaque audience.
Quels tableaux ! Les attitudes de l'accusé, sa fermeté,
sa " mine fine et souriante ", l'à-propos de ses
ripostes, ses ironies, les coups droits qu'il porte au
chancelier Séguier, ses mouvements de colère et
ses imprudences ; — les juges qui s'arrachent à
leur somnolence pour laisser éclater sur leurs visages
et dans leurs propos les passions dont ils sont agités ;
— au premier plan, le dramatique spectacle d'une
cour de justice ; au fond, l'image de l'implacable
Colbert. Tout cela animé, coloré par l'émotion d'une

femme anxieuse qui, au moindre indice, passe de la confiance au désespoir et dans ce grand trouble, éprouve un sentiment plus tendre, un sentiment qu'elle n'a peut-être jamais connu dans les bosquets de Vaux, au temps où le grand ambitieux,

> Plein d'éclat, plein de gloire, adoré des mortels,
> Recevait des honneurs qu'on ne doit qu'aux autels.

Vous vous souvenez du passage de Foucquet conduit par d'Artagnan à l'Arsenal :

Imaginez-vous que des dames m'ont proposé d'aller dans une maison qui regarde droit dans l'Arsenal, pour voir revenir notre pauvre ami. J'étais masquée, je l'ai vu venir d'assez loin. M. d'Artagnan était auprès de lui ; cinquante mousquetaires derrière à trente ou quarante pas. Il paraissait assez rêveur. Pour moi, quand je l'ai aperçu, les jambes m'ont tremblé et le cœur m'a battu si fort, que je n'en pouvais plus. M. d'Artagnan l'a poussé, et lui a fait remarquer que nous étions là. Il nous a donc saluées et a pris cette mine riante que vous connaissez. Je ne crois pas qu'il m'ait reconnue; mais je vous avoue que j'ai été étrangement saisie, quand je l'ai vu rentrer dans cette petite porte. Si vous saviez comme on est malheureux quand on a le cœur fait comme je l'ai, je suis assurée que vous auriez pitié de moi ; mais je pense que vous n'en n'êtes pas quitte à meilleur marché, de la manière dont je vous connais.

Elle est surprise de l'imperturbable confiance que montrent Mlle de Scudéry et la famille de l'accusé. "Ce sera un vrai miracle si la chose va comme nous le souhaitons." Elle ne veut pas renoncer à l'espoir de ce miracle.

Au fond de mon cœur, j'ai un petit brin de confiance. Je ne sais d'où il vient ni où il va, et même il n'est pas assez grand pour que je puisse dormir en repos. Je causais hier de toute cette affaire à Mme du Plessis : je ne puis voir ni souffrir que les gens avec qui j'en puis parler, et qui sont dans les mêmes sentiments que moi. [Quel trait de vérité !] Elle espère comme je fais, sans en savoir la raison. "Mais pourquoi espérez vous ? — Parce que j'espère." Voilà nos réponses, ne sont elles pas bien raisonnables ? Je lui disais avec la plus grande vérité du monde que si nous avions un arrêt tel que nous le souhaitons, le comble de ma joie était de penser que je vous enverrais un homme à cheval, à toute bride, qui vous apprendrait cette agréable nouvelle, et que le plaisir d'imaginer celui que je vous ferais, rendrait le mien entièrement complet. Elle comprit cela comme moi, et notre imagination nous donna plus d'un quart d'heure de *campos* (9 décembre 1664.)

Elle est là tout entière avec sa sensibilité, son imagination et son inlassable optimisme.

Et quelle explosion de joie quand elle sait que son ami aura au moins la vie sauve !

Louez Dieu, monsieur et le remerciez ; notre pauvre ami est sauvé... Je suis si aise que je suis hors de moi !

Et le lendemain :

Dès longtemps, je ne serai remise de la joie que j'eus hier ; tout de bon elle était trop complète ; j'avais peine à la soutenir.

Quelle chance que Foucquet ait été un ministre infidèle et qu'il ait par ses malversations mérité la rigueur des lois ! Sans cet heureux scandale, Pellisson n'eût pas écrit son discours, ni La Fontaine son élégie, ni Mme de Sévigné ses lettres à Pomponne, et la littérature française y eût perdu trois chefs-d'œuvre.

*
* *

Comme Foucquet et comme beaucoup d'autres, Roger de Rabutin, comte de Bussy, aurait bien voulu ne pas se contenter de l'amitié de Mme de Sévigné. Comme les autres, il s'en contenta. Cela commença par des gaillardises et des galanteries. On rompit. On se raccommoda. Et cela finit par une bonne et solide amitié.

Il était cousin germain de Marie de Chantal et avait huit ans de plus qu'elle. Son père eût souhaité qu'il épousât cette riche héritière. Bussy a prétendu que l'humeur trop libre de la jeune fille l'avait épouvanté. Quoi qu'il en fût, Marie de Chantal épousa Henri de Sévigné, et Bussy se maria avec une de ses cousines qui mourut bientôt lui laissant trois filles.

Quand il se mit en tête de séduire la marquise de Sévigné, il était déjà célèbre par ses aventures, ses duels et sa bravoure à la guerre. Un joli visage, une mine effrontée, un esprit d'enfer et un grand fond de méchanceté. Il avait déjà tâté de la Bastille.

De l'armée, il envoyait à Mme de Sévigné des missives moitié vers moitié prose. Le jeune ménage était alors aux Rochers, et de là Mme de Sévigné lui annonçait la naissance de son fils.

Je vous trouve un plaisant mignon de ne m'avoir pas écrit depuis deux mois... Eh bien ! je vous apprends, quand vous en devriez enrager, que je suis accouchée d'un garçon à qui je vais faire sucer la haine contre vous avec le lait, et que j'en ferai bien d'autres, seulement pour vous faire des ennemis. Vous n'avez pas eu l'esprit d'en faire autant, le beau faiseur de filles...

Mais c'est assez vous cacher ma tendresse, mon cher cousin ; le naturel l'emporte sur la politique. J'avais envie de vous gronder de votre paresse depuis le commencement de ma lettre jusques à la fin ; mais je me fais trop de violence, et il faut en revenir à vous dire que, M. de

Sévigné et moi, nous vous aimons fort, et que nous parlons souvent du plaisir qu'il y a à être avec vous. (15 mars 1648).

Ce *M. de Sévigné et moi* fit faire la grimace à Bussy qui renvoya la balle à sa façon :

Je m'aperçois que vous prenez une certaine habitude de me gourmander qui a plus l'air de maîtresse que d'amie. Prenez garde à quoi vous vous engagez ; car enfin, quand je serai une fois bien résolu à souffrir, je voudrais avoir les douceurs des amants aussi bien que les rudesses...

Tenez-vous-en donc, si vous m'en croyez, au garçon que vous venez de faire, c'est une action louable, je vous avoue que je n'ai pas eu l'esprit d'en faire autant ; aussi envié-je ce bonheur à M. de Sévigné plus que chose au monde... (12 avril 1648.)

Ce n'étaient là que les premiéres escarmouches.

La Fronde les trouve dans les deux camps opposés. Ils n'en continuent pas moins de correspondre. Bussy est avec les troupes du roi qui bloquent Paris où M. et Mme de Sévigné sont enfermés. De Saint-Denis il écrit à la marquise :

Sans l'espérance de vous faire quelque plaisir au sac de Paris et que vous ne passiez que par mes mains, je ne pense pas que je désertasse, mais cette vue me fait prendre patience... Si le cardinal de Mazarin avait à Paris une cousine faite comme vous, ou je me trompe fort ou la paix se ferait à quelque prix que ce fût... (5 mars 1649).

Par une volte-face, comme on en voyait souvent en ce temps de guerre civile, voici maintenant Bussy dans le parti de Condé et Sévigné dans celui de la cour. " Quand je songe, écrit Bussy, que nous étions déjà l'an passé dans des partis différents, et que nous y sommes encore aujourd'hui, quoique nous en ayons changé, je crois que nous jouons aux barres. " (2 juillet 1650).

Après une longue partie de barres, on finit par se retrouver à Paris. Sévigné y trompe et ruine sa femme. Bussy se promet, comme il dit, de profiter de la "commodité de la conjoncture". Un matin, Sévigné lui vient conter triomphalement qu'il sort de chez Ninon de Lenclos. Tout de suite, Bussy va rapporter la confidence à sa cousine, en lui recommandant de paraître ne rien savoir. "Je crois que vous êtes fou, lui répond-elle, de me donner cet avis ou que vous croyez que je suis folle. — Vous le seriez bien plus, madame, si vous ne lui rendiez pas la pareille que si vous lui redisiez ce que je vous ai dit. Vengez-vous, ma belle cousine, je serai de moitié de la vengeance, car enfin vos intérêts me sont aussi chers que les miens. — Tout beau, monsieur le comte, je ne suis pas si fâchée que vous pensez. "

Le lendemain, Sévigné rencontre Bussy au

Cours et l'accuse d'avoir parlé à Mme de Sévigné. L'autre jure qu'il n'a rien dit. Il persuade de son innocence le mari, qui, rassuré, reprend avec mille détails le récit de sa bonne fortune. Bussy lui prodigue les plus sages conseils et l'engage à redouter des représailles ; mais rentré chez lui, il écrit à Mme de Sévigné pour l'informer de cet entretien et de nouveau s'offrir, si elle veut exercer contre son mari la plus juste des vengeances.

La sottise d'un page fait tomber le billet aux mains de Sévigné qui défend à sa femme de voir Bussy. Mais celle-ci mande à son cousin qu'avec un peu de patience tout s'accommodera.

Tout paraît en effet s'accommoder, quand Sévigné est tué par le chevalier d'Albret, et la marquise s'en va aux Rochers pleurer l'infidèle.

Jusqu'ici, j'ai suivi le récit de Bussy dans l'*Histoire amoureuse des Gaules*, récit vraisemblable: chaque personnage y joue un rôle conforme à son caractère. Bussy rapporte aussi qu'après la mort du mari, il continua de parler de " choses agréables " et qu'elle lui fit " une de ces réponses d'oracle que les femmes font d'ordinaire dans les commencements ": ce n'est pas impossible. Mais il ajoute " qu'elle lui fit mille avances pour être son mari. " Cette fois, il se moque de nous :

lui-même était remarié depuis deux ans, quand Sévigné disparut.

A la vérité, il continua la poursuite, mais sans beaucoup d'entrain : il aimait ailleurs.

En 1654, il terminait encore une lettre par ces mots : " Adieu, ma belle cousine, songez quelquefois à moi et que vous n'avez ni parent ni ami qui vous aime tant que je le fais... Je voudrais... non je n'achèverai pas de peur de vous déplaire, mais vous pouvez bien savoir ce que je voudrais."

Elle le savait parfaitement ; elle en plaisantait avec d'autant plus de liberté que Bussy ne se gênait pas pour lui dépeindre les adieux très passionnés et très tendres qu'il venait de faire à sa *Chimène* (Mme de Montglat), en quittant Paris pour l'armée. D'ailleurs, lui-même était chaque jour plus convaincu que sa cousine ne voulait pas ce qu'il voulait, et, pour atténuer l'humiliation de son échec, il s'empressait de célébrer la vertu de Mme de Sévigné et la déroute de tous les prétendants.

Il faut que je vous dise que je ne pense pas qu'il y ait au monde une personne plus généralement estimée que vous. Vous êtes les délices du genre humain ; l'antiquité vous aurait dressé des autels et vous auriez été assurément déesse de quelque chose. Dans notre siècle, où l'on n'est pas si prodigue d'encens et surtout pour le mérite vivant, on se contente de dire qu'il n'y a point de femme à votre âge plus aimable ni plus vertueuse que vous. Je connais des princes du sang, des princes étrangers, des grands seigneurs façon de princes, des grands capitaines, des ministres d'Etat, des gentilshommes, des magistrats et des philosophes qui fileraient pour vous, si vous les laissiez faire. En pouvez-vous faire davantage ? A moins que d'en vouloir à la liberté des cloîtres, vous ne sauriez aller plus loin. (7 octobre 1655).

Cependant, un jour, sur le point d'aller rejoindre l'armée en campagne, Bussy, dont les affaires étaient en fort mauvais état, manqua d'argent et s'adressa à Mme de Sévigné. Le terrible abbé de Coulanges se renseigna, empila ses jetons, consulta ses livres, et ce fut un refus. Mme de Montglat offrit alors ses bijoux à Bussy qui les accepta.

On connaît la vengeance du quémandeur évincé.

Pour amuser Mme de Montglat, il composa l'*Histoire amoureuse des Gaules* où il contait les aventures des dames galantes de la cour. Parmi ces anecdotes, il plaça le portrait de Mme de Sévigné que vous connaissez. Il laissa son manuscrit pendant deux jours entre les mains d'une amie de sa maîtresse. Des copies en circulèrent sous le manteau, et le livre enfin parut en Hollande.

Ce scandale eut pour Bussy des suites terribles.

Déjà par ses insolences et ses déloyautés, il s'était
fait de nombreux et puissants ennemis. Bien qu'il
eût servi avec valeur sous Turenne et sous Condé,
il était méprisé du premier, détesté du second.
Deux fois, ses équipées l'avaient mené au bord du
précipice : un jour, avec une bande armée, il avait
enlevé Mme de Miramion dont il convoitait la
main et surtout la fortune ; deux ans plus tard, il
avait, avec quelques libertins, pris part à la fameuse
orgie de Roissy où les convives avaient chansonné
les choses saintes et la personne du roi. La publi-
cation de l'*Histoire amoureuse des Gaules* mit le
comble au ressentiment de Louis XIV. Bussy fut
enfermé à la Bastille.

Il y resta treize mois, au bout desquels, comme
sa santé paraissait atteinte, il eut la permission
d'aller se faire soigner chez un chirurgien. Puis
on lui fit savoir que l'air de la Bourgogne était le
seul qui convînt à sa convalescence. Il dut se
retirer dans ses terres. Sa disgrâce était complète,
elle dura jusqu'à sa mort. Il la supporta sans
résignation, sans dignité, ne reculant devant aucune
flagornerie pour appeler sur lui la clémence du
roi. Dans ses propos, dans ses lettres, dans ses
Mémoires et jusque dans les peintures dont il cou-
vrit les murs de son château, il ne cessa d'exhaler

ses dépits d'ambitieux déçu et ses fureurs d'amant trompé, car Mme de Montglat l'avait trahi, tandis qu'il était à la Bastille.

Pendant huit ans, Mme de Sévigné avait gardé le silence ; mais, quand Bussy fut autorisé à sortir de la Bastille et à se faire soigner chez un chirurgien, la première visite qu'il reçut fut celle de sa cousine. Elle venait par bonté, par compassion, et aussi pour reconnaître un service rendu : elle savait que, pendant leur brouille, Bussy avait pris sa défense à l'occasion des lettres trouvées dans les cassettes de Foucquet. Mais elle n'avait encore ni pardonné ni oublié.

Elle fut longue à pardonner.

Quand Bussy fut retourné en Bourgogne, on échangea quelques lettres, puis on passa des mois sans s'écrire : d'où de mutuels reproches. Dès que Mme de Sévigné faisait mine de plaindre l'exilé de sa disgrâce, il se rebiffait, prenait des airs de philosophe et jouait la résignation. On essayait aussi de plaisanter comme autrefois, mais ces railleries forcées laissaient deviner des arrière-pensées assez amères. Enfin, comme Bussy tentait maladroitement de justifier sa conduite, Mme de Sévigné lui adressa une longue lettre, un vrai réquisitoire qu'elle terminait ainsi :

Voilà, ce que je voulais dire une fois en ma vie, en vous conjurant d'ôter de votre esprit que ce soit moi qui ai tort. Gardez ma lettre, et la relisez, si jamais la fantaisie vous prenait de le croire, et soyez juste là-dessus, comme si vous jugiez d'une chose qui se fût passée entre deux autres personnes. Que votre intérêt ne vous fasse pas voir ce qui n'est pas ; avouez que vous avez cruellement offensé l'amitié qui était entre nous, et je suis désarmée. Mais de croire que si vous répondez, je puisse jamais me taire, vous auriez tort ; car ce m'est une chose impossible. Je verbaliserai toujours : au lieu d'écrire en deux mots, comme je vous l'avais promis, j'écrirai en deux mille ; et enfin, j'en ferai tant par des lettres d'une longueur cruelle et d'un ennui mortel, que je vous obligerai malgré vous à me demander pardon, c'est-à-dire à me demander la vie. Faites-le donc de bonne grâce... (26 juillet 1668.)

Après des explications sans fin, Bussy se rendit à merci.

Alors elle généreuse, magnanime :

Levez-vous, comte, je ne veux point vous tuer à terre, ou reprenez votre épée pour recommencer notre combat. Mais il vaut mieux que je vous donne la vie et que nous vivions en paix. Vous avouerez seulement la chose comme elle s'est passée : c'est tout ce que je veux... (4 septembre 1668.)

On pourrait croire la paix signée. Il n'en est rien. Nouvelles chicanes à propos du mariage de Mlle de Sévigné : Bussy, susceptible et grincheux, refuse d'écrire le premier au comte de Grignan, estimant que celui-ci le doit d'abord complimenter. Cette querelle est à peine apaisée que Mme de Sévigné, retrouvant dans ses paperasses une vieille lettre de Bussy, renouvelle ses reproches. L'autre se plaint de ce manquement à la foi jurée. Elle s'excuse : "Point de rancune, ne nous tracassons plus ; j'ai un peu tort ; mais qui n'en a point dans ce monde?" Elle n'en continue pas moins ses *picoteries*, avoue chaque fois qu'elle eût mieux fait de se taire et recommence. Une femme, eût-elle cent fois tort, chipotera toujours avant de prononcer et surtout de pratiquer le " N'en parlons plus." Allez donc demander à celle-ci, qui a cent fois raison, de ne pas marchander un peu son pardon !

Cependant un singulier personnage se démenait entre le cousin et la cousine et leur prêchait la concorde : c'était l'officieux Corbinelli. Tous deux paraissaient apprécier ses services : il séduisait l'un par ses flatteries sans mesure, l'autre par les éloges qu'il donnait à Mme de Grignan. Ce descendant d'une famille florentine venue en France au seizième siècle avait la souple échine d'un courtisan, de l'intrigue, des mœurs peu réglées et une malchance incroyable. Il fabriquait beaucoup de maximes et de sentences, et, libertin forcené, se passionnait pour les choses religieuses, si bien que Mme de Grignan l'appelait *le mystique du diable*. Pour le moment sa grande occupation était de réconcilier les deux Rabutin.

Grâce aux conseils de Corbinelli et surtout grâce au temps qui use les ressentiments, Mme de Sévigné finit par respecter la lettre des traités ; elle fit taire sa rancune. Mais à quels soins, à quelle prudence fut-elle désormais obligée pour que rien ne vînt ébranler cette amitié si péniblement rétablie ! Il lui est impossible de demeurer l'amie de Bussy, si elle ne ménage ses susceptibilités et ne compose avec ses lubies.

Au besoin elle flatte sa vanité d'homme de lettres, qui est sans bornes. Elle encourage le projet qu'il a formé d'écrire une Histoire du Roi. Pour lui complaire, elle plaisante Racine et Despréaux chevauchant avec les armées où ils font leur métier d'historiographes. " Ah ! que je connais, dit-elle, un homme de qualité à qui j'aurais bien plutôt fait écrire mon histoire qu'à ces bourgeois, si j'étais le maître ! " Elle l'entretient volontiers des événements de la guerre et amuse ainsi le vieux soldat dont la douleur la plus cuisante et la plus noble est de ne plus servir. Elle qui sent si finement le comique des gens et des choses, elle se tait quand,

lors d'une promotion de maréchaux, Bussy a l'idée
de renoncer à son titre de comte et lui écrit froide-
ment :

Quand je vous ai mandé ma lassitude sur le titre de
comte, j'ai cru que vous entendriez d'abord la raison que
j'avais d'en avoir ; mais puisqu'il vous la faut expliquer,
ma chère cousine, je vous dirai que la promotion aux
grands honneurs de la guerre qu'on a faite, m'ayant donné
meilleure opinion de moi que je n'avais, et que, m'étant
fait à moi-même la justice qu'on m'avait refusée, j'ai été
honteux de la qualité de comte. En effet, me trouvant,
sans vanité, égal en naissance, en capacité, en service, en
courage et en esprit aux plus habiles de ces maréchaux et
fort au-dessus des autres, je me suis fait maréchal *in petto*,
et j'ai mieux aimé n'avoir aucun titre que d'en avoir un
qui ne fût plus digne de moi...

Elle le défend de son mieux à l'occasion du
mariage de la marquise de Coligny avec le sieur
de la Rivière — extraordinaire roman d'aventure
qui est en même temps un curieux tableau de
mœurs. Une fille du premier mariage de Bussy,
Louise-Françoise de Rabutin, veuve du marquis
de Coligny, vit auprès de son père dont elle tient
la maison, recopie les manuscrits et essuie les
redoutables colères : elle est à la fois son inten-
dante, son secrétaire et son souffre-douleurs. Un
officier d'origine obscure, complimenteur, spirituel

et bien taillé, Henri-François de La Rivière, s'introduit chez Bussy et gagne la confiance du vieil exilé dont il flatte toutes les manies. Comme il se juge lui-même "fort capable d'amuser une veuve qui n'a rien à faire", il amuse Mme de Coligny. Celle-ci, qui a trente-huit ans, s'éprend de l'aventurier et lui adresse des lettres passionnées, des lettres "portugaises" dit Mme de Sévigné faisant allusion aux lettres naguère publiées par le marquis de Chamilly. Enfin, elle lui signe "du plus pur et du plus beau de son sang" une promesse de mariage, l'épouse secrètement et finit par tout avouer à son père. Fureur et vociférations de Bussy. Après cette scène terrible, Mme de Coligny jure à La Rivière de ne jamais renoncer à lui, et, huit jours plus tard, par un revirement dont on n'a point pénétré le mystère, elle lui envoie une lettre désespérée, mais catégorique : elle ne le reverra plus ; et le grand amour se change en une haine implacable. L'affaire est portée devant le Parlement. Bussy voudrait plaider que le mariage n'a pas été consommé. Impossible : Mme de Coligny est enceinte. On fera donc disparaître l'enfant. Bussy ordonne à sa fille de venir à Paris. La Rivière met la police à ses trousses. Le père et la fille se cachent dans un cabaret borgne de la rue du Four. Elle y accouche. Dix heures après son accouchement, elle prend la fuite. Bussy enveloppe le nouveau-né dans son manteau et le porte chez une nourrice. Mais le lieutenant civil, averti par ses espions, se rend chez la nourrice et recueille l'enfant qui, dès lors, sera représenté au procès. Tout le plan de Bussy a échoué. On plaidera donc de simples questions de forme. Inscriptions de faux ; expertises d'écriture ; calomnies ; injures ; plaidoiries. Bussy perd son procès. L'opinion une fois de plus se déchaîne contre lui. Et Mme de Sévigné écrit à sa fille : " Bussy bondit dans les nues ; sa fille est forcenée dans son lit. Dieu l'a ainsi réglé de toute éternité. *Amen.* "

Mme de Sévigné sent l'odieux et le ridicule de cette affaire pour laquelle Bussy a convoqué et fait comparaître tous ses parents et tous ses alliés. Cependant, elle plaide auprès de ses amis la cause de sa nièce. Dans ses lettres à Bussy, pas un mot du fâcheux procès, et, jusqu'à sa mort, elle ne cessera de donner à Mme de Coligny des marques d'estime et d'affection.

Quand elle écrit à Bussy, elle est décidée à ne rien blâmer, à ne sourire de rien. Elle garde son sérieux, même quand celui-ci lui fait part gravement de ses pieuses résolutions et lui annonce que, pour expier les chansons sacrilèges de sa jeunesse, il compose une version française du cantique de Pâques : *O filii et filiæ!*

Telle fut cette longue amitié qui avait survécu à tant d'orages. Pour Bussy, il y entrait le désir de faire oublier ses anciennes déloyautés ; pour Mme de Sévigné, de la pitié et le souvenir des années heureuses où elle confondait en riant les insolences du beau séducteur. Toutefois, dans cette liaison, le cœur eut moins de part que l'esprit. On ne vit jamais pareilles affinités de goût et d'intelligence chez deux êtres que ne pouvait réunir aucune sympathie morale, car, en somme, Bussy était un aimable chenapan et Mme de Sévigné une honnête femme : "Vous savez bien, lui disait-elle, qu'autrefois nous avions le don de nous entendre avant que de nous être parlé. L'un de nous répondait fort bien à ce que l'autre avait envie de dire ; et si nous n'eussions point voulu nous donner le plaisir de prononcer assez facilement des paroles, notre intelligence aurait fait tous les frais de la conversation." Et il répondait : "Je demeure d'accord avec vous que nous devons nous aimer. Personne ne sait si bien que moi ce que vous valez, ni que vous ce que je vaux." Ils ne pouvaient se passer l'un de l'autre, ayant, l'un pour l'autre, une sincère admiration.

EMMANUEL DE COULANGES

(Musée Carnavalet)

Sans doute, ils avaient des façons d'écrire très différentes. Bussy manquait de grâce et de facilité; son style solide, incisif, d'une ironie froide et un peu compassée, sentait l'effort. " Il aurait fait des ratures sur un billet à son cordonnier ", disait son gendre La Rivière, et l'abondante Sévigné devait assez peu goûter cette prose dépouillée et laborieuse. Mais, dès qu'il n'était pas aveuglé par l'orgueil, il jugeait avec finesse; il a très bien parlé de La Fontaine, de Boileau, de Molière et de La Bruyère. Il aimait la conversation et les lettres de sa cousine. En publiant les lettres qu'il avait reçues d'elles, il a été premier à annoncer sa gloire. Peut-être enviait-il son naturel et sa verve. Quant à Mme de Sévigné, confiante dans le discernement de son ami, elle souhaitait par-dessus tout son approbation et sa louange. Bussy est le seul homme dont elle ait subi l'ascendant.

Un an avant de mourir, Mme de Sevigné écrivait à son cousin Emmanuel de Coulanges :

Quand vous m'écrivez, mon aimable cousin, j'en ai une joie sensible : vos lettres sont agréables comme vous ; on les lit avec un plaisir qui se répand partout ; on aime à vous entendre, on vous approuve, on vous admire, chacun selon le degré de chaleur qu'il a pour vous. Quand vous ne m'écrivez pas, je ne gronde point, je ne boude point, je dis : " Mon cousin est dans quelque palais enchanté, mon cousin n'est pas à lui; on aura sans doute enlevé mon pauvre cousin ; " et j'attends avec patience le retour de votre souvenir, sans jamais douter de votre amitié ; car le moyen que vous ne m'aimiez pas ? c'est la première chose que vous avez faite quand vous avez commencé d'ouvrir les yeux, et c'est moi aussi qui ai commencé de vous aimer et de vous trouver aimable : une amitié si bien conditionnée ne craint pas les injures du temps... (26 avril 1695).

Elle n'avait que sept ans de plus que lui. ([1]) Les deux enfants avaient joué dans le parc de Livry, chez le *bien bon*. Puis, quand Coulanges eut épousé Marie-Angélique du Gué, fille de François du Gué qui, depuis, fut intendant de Lyon, celle-ci devint une des plus intimes amies de Mme de Sévigné.

Après avoir voyagé en Allemagne et en Italie,

([1]) J'avais d'abord dit : *cinq* ans. Mon erreur a été relevée par M. Gérard Gailly dans des articles sur l'enfance de Mme de Sévigné, publiés par la *Minerve française* (15 août et 15 Septembre 1920). Je l'en remercie. Son étude est intéressante, elle réfute les assertions imprudentes de quelques biographes de Mme de Sévigné ; malheureusement elle est écrite sur un ton rogue et péremptoire qu'on passe volontiers aux théologiens, mais qui surprend un peu, quand il s'agit de menus problèmes d'histoire littéraire.

Coulanges avait acheté une charge de conseiller au Parlement de Paris; mais il s'en démit bientôt : la judicature n'était pas l'affaire de ce petit homme qui avait pour seule occupation de rimer des couplets et pour seule ambition de ne pas vieillir. Il vécut jusqu'à quatre-vingt ans et jamais ne cessa de faire des chansons : il eût donc réalisé tous ses rêves, si, de temps en temps, son bonheur n'avait été traversé par des accès de goutte. Douillet, futile et paresseux, il promenait en tous lieux son humeur chansonnière, aimé de tout le monde pour la gentillesse de son esprit et le pétillement de ses propos. En qualité de diplomate officieux, il accompagna le duc de Chaulnes, ambassadeur à Rome, et assista à deux conclaves. Ses rapports diplomatiques sont d'une gravité impayable ; mais il s'amusa fort à Rome, comme ailleurs. Dans ses *Mémoires*, il a consigné ses souvenirs, non sur les monuments romains qui ne sont pas matière à chansons, mais sur les belles nuits d'été où " l'on se promenait, dit-il, dans les rues et dans les places, vêtu aussi légèrement qu'on le voulait et que la saison le demandait ; on s'arrêtait et l'on se reposait au bord des fontaines pour y prendre le frais ; on entrait dans les lieux où se débitent le thé, le chocolat et les eaux glacées, plus délicieuses en Italie qu'en France ; on pouvait prendre part aussi aux nouvelles vraies ou fausses qui s'y débitent ; l'air retentissait de différentes chansons et du bruit des guitares, des harpes et d'autres instruments ; quelquefois, on rencontrait des séré-nades de belles voix et d'une bonne symphonie ; c'est ainsi qu'on reposait de la chaleur qu'on avait éprouvée pendant le jour, et l'on était fort aise en se retirant de retrouver son lit, à moins que le souvenir de quelque bonne fortune ne vînt troubler le repos qu'on y cherchait ". Il goûtait fort les vins des *castelli*, se lamentait sur la mauvaise chère que lui faisaient faire les seigneurs italiens, admirait l'agrément et la propreté des bains, assistait à des fouilles et visitait l'atelier de l'illustre Carle Maratti. Un jour de carnaval, il se fit peindre, tenant à la main un masque moustachu, un bonnet rouge posé sur sa majestueuse perruque. On peut voir ce portrait au musée Carnavalet, c'est celui d'un voluptueux, alourdi, guetté par la goutte. L'accès passé, il se vanta d'un regain de jeunesse. Franchement, il eût mieux fait d'attendre ces jours heureux pour transmettre ses traits à la postérité.

Mme de Coulanges était jolie, spirituelle et fantasque. Mme de Sévigné lui prodiguait des sobriquets expressifs : *la feuille*, *la mouche*, *la sylphide*, *le tourbillon*. " *La feuille*, disait-elle, est la la plus frivole et la plus légère marchandise que vous ayez jamais vue. " On a quelques-unes de ses lettres ; le style en est brusque, agréable, à la manière de Sévigné ; les caprices de son écriture et les écarts de son orthographe rélèvent une âme assez désordonnée. Elle fut très attachée à un certain abbé Tétu dont elle soignait les vapeurs et les insomnies. Pour Brancas, elle eut " beaucoup d'amitié sur un fond d'inclination rebrodé de passion ", — c'est encore Mme de Sévigné qui parle. Enfin, elle semble avoir aimé M. de la Trousse, car Mme de Sévigné écrit : " Il ne paraît plus qu'elle l'aime, et cependant c'est l'ombre et le corps. " N'insistons pas. Passe encore de rechercher le " jusqu'où " des inclinations de Mme de Sévigné. Quant à la vertu de Mme de Coulanges, imitons la sage indifférence de son mari qui, sur ce chapitre, fut le moins curieux des hommes. Il aimait beaucoup sa femme, mais à condition de ne pas vivre avec elle. " La maison, disait-il, où je suis le moins, est celle de Mme de Coulanges. " Ils s'étaient mutuellement consenti une douce liberté. Un jour qu'elle tomba malade, on vit Coulanges accourir à son chevet et donner les marques d'un grand désespoir. Mme de Sévigné n'en revenait pas : "Vous avez grand'raison de ne pouvoir vous représenter Mme de Coulanges à l'agonie, et M. de Coulanges dans la douleur ; je ne le croirais pas si je ne l'avais vu ; une vivacité morte et une gaieté pleurante, ce sont des prodiges." Mme de Coulanges en réchappa, et aussitôt, lui, tout consolé, retourna à ses plaisirs et à ses chansons.

Sur le tard, Mme de Coulanges, qui était l'amie de Mme de Maintenon, inclina vers des pensées plus graves et se mit à mépriser le monde. Comme son candide mari se scandalisait des désordres de la cour romaine, elle lui envoya cette pieuse remontrance :

Vous me paraissez très peu édifié de tout ce que vous voyez à Rome, et vous avez, je crois, raison ; mais où vous ne l'avez pas, c'est de dire qu'il n'est pas bon pour la religion de voir de près toutes ces choses. Saint Pierre serait encore plus étonné que vous, s'il était témoin de ce que vous voyez ; mais sa charité lui ferait plaindre les hommes sujets à tant de passions et si peu appliqués à la vaincre par les sentiments que doit inspirer la religion..."

Et dans la même lettre :

Pour moi, j'avoue que je crois me peu soucier du monde; je ne m'y trouve plus propre à mon âge... j'ai vu tout ce qu'il y a à voir, je n'ai plus qu'une vieille figure à lui présenter, plus rien de nouveau à lui montrer ni à découvrir... Et que veut-on faire de recommencer toujours des visites, se troubler des événements qui ne nous regardent point ?... Mon cher monsieur, il faudrait songer à quelque chose de plus solide... " (23 juillet 1691).

La feuille avait fait des progrès dans les voies de la dévotion. Jamais le petit Coulanges ne songea à *quelque chose de solide* ; tant de désenchantement et de sagesse ne pouvait entrer dans cette âme enfantine.

A ces deux êtres charmants et fragiles, Mme de Sévigné avait voué une affection inaltérable. Elle aimait son cousin, parce que, dans cette gaieté sans trêve, elle retrouvait quelque chose d'elle-même, elle reconnaissait son sang. Elle aima sa cousine, parce qu'elle jouissait de son esprit et s'amusait de toutes les fantaisies de son humeur. Enfin, elle les aima tous les deux, parce qu'ils admirèrent Mme de Grignan et chantaient sa gloire, Mme de Coulanges à Versailles, M. de Coulanges chez tous les honnêtes gens qu'il divertissait par sa verve et ses chansons.

* * *

Ce fut après la mort de son mari que Mme de

Sévigné rencontra Mlle de La Vergne dans la maison du chevalier Renaud de Sévigné, oncle du marquis Henri de Sévigné. Renaud de Sévigné avait épousé Élisabeth Pena, veuve de M. de La Vergne, et mère de la jeune Marie-Madeleine qui devait devenir marquise de La Fayette.

Sur la jeunesse de Mme de La Fayette, je vous renvoie aux pages si neuves et si délicates que lui a naguère consacrées M. André Beaunier. Pour le reste, il faudra, je crois, en revenir, comme le conseillait Sainte-Beuve, à la correspondance de Mme de Sévigné.

En se disant leur mutuelle affection, Mme de Sévigné et Mme de La Fayette ont dessiné, l'une de l'autre, l'image que chacune d'elles eût souhaité laisser dans la mémoire des hommes.

Voici d'abord une Sévigné à trente ans, peinte par Mme de La Fayette. C'est un de ces portraits composés et apprêtés que les beaux esprits de l'hôtel de Rambouillet avaient mis à la mode. L'auteur feint d'être " un inconnu ". Malgré la préciosité du style, on sent ici la chaleur d'une sincère amitié, et c'est une bonne contre-partie au perfide portrait de Bussy-Rabutin que je vous ai lu, la semaine passée ; du reste, on voit bien, à certains traits, que l'auteur connaissait l'*Histoire amoureuse des Gaules* et réfutait Bussy. En 1675, " ravaudant dans les paperasses de feu Mme de la Trémouille ", Mme de Sévigné retrouva le manuscrit de Mme de La Fayette et l'envoya à sa fille : " Ce portrait vaut mieux que moi, dit-elle ; mais ceux qui m'eussent aimée, il y a seize ans, l'auraient pu trouver ressemblant ".

... Je ne veux point m'amuser à vous dire que votre taille est admirable, que votre teint a une beauté et une fleur qui assurent que vous n'avez que vingt ans ; que votre bouche, vos dents et vos cheveux sont incomparables ; je ne veux point vous dire toutes ces choses, votre miroir vous le dit assez... Tout ce que vous dites a un tel charme, et vous sied si bien que vos paroles attirent les ris et les grâces autour de vous, et le brillant de votre esprit donne un si grand éclat à votre teint et à vos yeux que, quoiqu'il semble que l'esprit ne dût toucher que les oreilles, il est certain que le vôtre éblouit les yeux et que, quand on vous écoute, on ne voit plus qu'il manque quelque chose à la régularité de vos traits, et l'on vous cède la beauté du monde la plus achevée... Votre âme est grande, noble, propre à dispenser des trésors et incapable de s'abaisser aux soins d'en amasser. Vous êtes sensible à la gloire et à l'ambition ; vous ne l'êtes pas moins aux plaisirs ; vous paraissez née pour eux et il semble qu'ils soient faits pour vous... Enfin, la joye est l'état véritable de votre âme, et le chagrin vous est plus contraire qu'à qui que ce soit. Vous êtes naturellement tendre et passionnée ; mais à la honte de notre sexe (l'auteur, avons-nous dit, s'est donné pour *un* inconnu), cette tendresse vous a été inutile, et vous l'avez renfermée dans le vôtre, en la donnant à Mme de La Fayette... Votre cœur, madame, est sans doute un bien qui ne peut se mériter; jamais il n'y en eut un si généreux, si bien fait et si fidèle. Il y a des gens qui vous soupçonnent de ne pas le montrer toujours tel qu'il est; mais, au contraire, vous êtes si accoutumée à n'y rien sentir qui ne vous soit honorable, que même vous y laissez voir quelquefois ce que la prudence vous obligerait de cacher, etc... "

Et le badinage continue.

Observons en passant que voilà, dans toute sa perfection, le style de l'hôtel de Rambouillet, et que rien ne ressemble moins à la manière de Mme de Sévigné.

Jamais la tendresse de Mme de La Fayette ne s'est démentie et, un an avant sa mort, au milieu des tortures physiques qui firent des ses dernières années un affreux martyre saintement supporté, elle écrit à sa vieille amie :

Hélas ! ma belle, tout ce que j'ai à vous dire de ma santé est bien mauvais ; en un mot, je n'ai repos ni nuit ni jour, ni dans le corps, ni dans l'esprit ; je ne suis plus une personne ni par l'un ni par l'autre ; il faut en finir quand il plaît à Dieu et je suis soumise. L'horrible froid qu'il fait m'empêche de voir Mme de Lavardin. *Croyez, ma très chère, que vous êtes la personne du monde que j'ai le plus véritablement aimée.* (24 janvier 1692.)

Du côté de Mme de Sévigné, l'amitié ne fut pas moindre. Sans doute, si elle eût écrit à Mme de La Fayette : " Vous êtes la personne du monde que j'ai le plus véritablement aimée ", Mme de La Fayette aurait eu un sourire d'incrédulité. Elle avait sans difficulté cédé la première place à Mme de Grignan, et Mme de Sévigné disait à cette dernière : " Cette justice la rend digne de la seconde. Elle la mérite. " Malheureusement, tel n'était pas l'avis de Mme de Grignan, et ce fut un des tourments de Mme de Sévigné d'avoir à défendre son amie contre sa fille. Comme presque toutes les personnes incapables d'une vraie tendresse, Mme de Grignan était jalouse : elle détestait Mme de La Fayette, parlait d'elle " avec méchanceté " et ne trouvait pas un mot de consolation à lui adresser quand mourut La Rochefoucauld.

Cette prévention de Mme de Grignan n'était pas le seul écueil sur lequel aurait pu sombrer une amitié moins solide. Mme de Sévigné et Mme de La Fayette n'avaient ni les mêmes goûts, ni le même tempérament. (Je viens déjà de signaler, au passage, la différence de leurs façons d'écrire.) Quel contraste entre la joyeuse exubérance de la robuste Sévigné et le sérieux mélancolique de la maladive La Fayette ! Autant l'une était expansive et indulgente à ses propres fantaisies, autant l'autre était discrète, toujours soumise à la " divine raison ". Combien de fois Mme de Sévigné, qui serait morte de chagrin si on lui avait enlevé sa plume et son écritoire, a-t-elle reproché à Mme de La Fayette d'être trop avare de ses lettres! Mme de La Fayette répondait qu'elle n'avait pas le temps; puis elle composait des romans et des mémoires, elle était presque un auteur de profession et mettait à correspondre avec ses amis la nonchalance particulière aux personnes dont c'est le métier d'écrire. Mais ces deux femmes qui, par tant de côtés, se ressemblaient si peu, étaient pareillement sensibles, pareillement vraies : elles s'aimèrent de tout leur cœur.

Il n'est point de tableau plus touchant de la longue liaison de Mme de La Fayette avec La Rochefoucauld que ces quelques lignes de Mme de Sévigné : " Où Mme de La Fayette retrouvera-t-elle un tel ami, une telle société, une pareille douceur, un agrément, une confiance, une considération pour elle et pour son fils ? Elle est infirme, elle est toujours dans sa chambre, elle ne court point les rues ; M. de La Rochefoucauld était sédentaire aussi ; cet état les rendait nécessaires l'un à l'autre ; rien ne pouvait être comparé à la confiance et au charme de leur amitié... " (17 mars 1680.)

Enfin, pour peindre l'amitié qui unit Mme de Sévigné à Mme de La Fayette, je ne saurais mieux faire que de lire la lettre qu'elle écrivit à la comtesse de Guitaut, quand elle perdit son amie :

... Je me trouvais trop heureuse d'être aimée d'elle depuis un temps si considérable ; jamais nous n'avions eu la moindre nuage dans notre amitié. La longue habitude ne m'avait point accoutumée à son mérite ; ce goût était toujours vif et nouveau ; je lui rendais beaucoup de soins, par le mouvement de mon cœur, sans que la bienséance où l'amitié nous engage, y eût aucune part ; j'étais assurée aussi que je faisais sa plus tendre consolation, et depuis quarante ans, c'était la même chose ; cette date est violente, mais elle fonde bien aussi la vérité de notre liaison. Ses infirmités depuis deux ans étaient devenues extrêmes ; je la défendais toujours quand on la disait folle de ne vouloir point sortir ; elle avait une tristesse mortelle : quelle folie encore ! n'était-elle pas la femme la plus heureuse du monde ? Elle en convenait aussi ; mais je disais à ces personnes si précipitées dans leur jugements : " Madame de La Fayette n'est pas folle, " et je m'en tenais là. Hélas ! la pauvre femme n'est présentement que trop justifiée ; il a fallu qu'elle soit morte pour faire voir qu'elle avait raison de ne point sortir et d'être triste. Elle avait un rein tout consommé et une pierre dedans, et l'autre purulent ; on ne sort guère en cet état. Elle avait deux polypes dans le cœur et la pointe du cœur flétrie : n'était-ce pas assez pour avoir ces désolations dont elle se plaignait?

Elle avait les boyaux durs et pleins de vents comme un ballon, et une colique dont elle se plaignait toujours. Voilà l'état de cette pauvre femme qui disait : " On trouvera un jour... " tout ce qu'on a trouvé. Ainsi, madame, elle a eu raison pendant sa vie, elle a eu raison après sa mort, et jamais elle n'a été sans cette divine raison, qui était sa qualité principale... (3 juin 1693.)

Que peut-on ajouter à une pareille lettre ?

* * *

J'ai tâché de vous monter combien furent diverses les amitiés de Mme de Sévigné. Elle aima Mme de La Fayette de tout son cœur, Bussy de tout son esprit, les Coulanges par habitude et par amusement, Foucquet parce qu'il était malheureux. Mais à chacun elle ne donna que l'affection dont est capable une femme possédée d'une grande et dévorante passion. Le cœur de Mme de Sévigné appartenait d'abord à l'amour maternel. Ses amis devaient se contenter des restes de Mme de Grignan, qui, d'ailleurs, vous l'avez vu, n'étaient pas méprisables. C'est de la grande et dévorante passion de Mme de Sévigné que je vous entretiendrai vendredi prochain.

COMMENT ELLE AIMAIT
SES ENFANTS

MADAME DE GRIGNAN
d'après MIGNARD
(*Musée Carnavalet*)

Le 5 février 1671, Mme de Sévigné se séparait
pour la première fois de sa fille, Mme de Grignan,
qui allait en Provence rejoindre son mari. Dans
les semaines qui suivirent, elle écrivait :

J'ai beau chercher ma chère fille, je ne la trouve plus,
et tous les pas qu'elle fait l'éloignent de moi. Je m'en
allai donc à Sainte-Marie, toujours pleurant et toujours
mourant : il me semblait qu'on m'arrachât le cœur et
l'âme ; et en effet quelle rude séparation !... J'allai ensuite
chez Mme de La Fayette qui redoubla mes douleurs par
la part qu'elle y prit... Je revins ensuite de chez Mme de
La Fayette ; mais en entrant ici, bon Dieu ! comprenez-
vous ce que je sentis en montant ce degré ? Cette chambre
où j'entrais toujours, hélas ! j'en trouvai les portes ouvertes;
mais je vis tout démeublé, tout dérangé et votre pauvre
petite fille qui me représentait la mienne. Comprenez-vous
bien tout ce que je souffre ? Les réveils de la nuit ont été
noirs, et le matin je n'étais pas avancée d'un pas pour le
repos de mon esprit (6 février (1671.)

Je reçois vos lettres, ma bonne, comme vous avez reçu
ma bague ; je fonds en larmes en les lisant ; il semble que
mon cœur veuille se fendre par la moitié ; il semble que
vous m'écriviez des injures ou que vous soyez malade ou
qu'il vous soit arrivé quelque accident ; et c'est tout le
contraire ; vous m'aimez, ma chère enfant, et vous me le

dites d'une manière que je ne puis soutenir sans des pleurs en abondance... Vous me faites sentir pour vous tout ce qu'il est possible de tendresse ; mais si vous songez à moi, ma pauvre bonne, soyez assurée aussi que je pense continuellement à vous ; c'est ce que les dévots appellent une pensée habituelle ; c'est ce qu'il faudrait avoir pour Dieu, si l'on faisait son devoir... Adieu, ma chère enfant, l'unique passion de mon cœur, le plaisir et la douleur de ma vie. Aimez-moi toujours, c'est la seule chose qui peut me donner de la consolation. (9 février 1671.)

Bon Dieu ! que de compliments j'ai à vous faire ! que d'amitiés ! que de soins de savoir de vos nouvelles ! que de louanges l'on vous donne ! Je n'aurais jamais fait si je voulais nommer tous ceux et celles dont vous êtes aimée, estimée, adorée ; mais quand vous aurez mis tout cela ensemble, soyez assurée ma fille que ce n'est rien en comparaison de ce que j'ai pour vous. Je ne vous quitte pas un moment et je pense à vous sans relâche et de quelle façon ! J'ai embrassé votre fille, et elle m'a baisée et très bien baisée de votre part. Savez-vous que je l'aime cette petite, quand je songe de qui elle me vient ? (12 février 1671.)

Toute votre chambre me tue, j'y ai fait mettre un paravent tout au milieu pour rompre un peu la vue d'une fenêtre sur ce degré par où je vous vis monter dans le carrosse de d'Hacqueville, et par où je vous rappelai. Je me fais peur quand je pense combien alors j'étais capable de me jeter par la fenêtre ; car je suis folle quelquefois... (3 mars 1671.)

Il n'y a point d'endroit, point de lieu, ni dans la maison, ni dans l'église, ni dans ce pays, ni dans ce jardin où je vous ai vue il n'y en a point qui ne me fasse souvenir de quelque chose, et de quelque façon que ce soit aussi, cela me perce le cœur. Je vous vois ; vous m'êtes présente ; je pense et repense à tout ; ma tête et mon esprit se creusent ; mais j'ai beau chercher, j'ai beau tourner ; cette chère enfant que j'aime avec tant de passion, est à deux cents lieues, je ne l'ai plus. (24 mars 1671.)

Voilà comment Mme de Sévigné aima sa fille.

Égarements et désespoir, protestations de tendresse, ressouvenir des derniers adieux, orgueil d'entendre louer l'être aimé, tristesse de revoir les lieux témoins du bonheur passé : ne croit-on pas entendre la plainte d'une amante abandonnée ? Tant il est vrai que la passion, quel que soit son objet, connaîtra toujours les mêmes tourments et prononcera toujours les mêmes paroles !

Quand parut le premier recueil des lettres de Mme de Sévigné à Mme de Grignan, Mathieu Marais écrivit au président Bouhier : " Ce sont des lettres à sa fille où il y a plus d'amour que les amants n'en ont dit, depuis que l'on a commencé de s'aimer. "

Mme de Sévigné adorait tout de sa fille : la beauté, l'esprit, la façon de danser, de se parer et d'écrire. Elle l'adulait de toutes les manières, la complimentait de ses propos, de ses gestes, de ses lettres, et lui rapportait les louanges qu'elle allait quêter pour elle chez ses amis. Elle pensait à elle, " comme on devrait, disait-elle, penser à Dieu, si l'on était vraiment touché de son amour ". Un prêtre lui défendit, une fois, de faire ses dévotions à la Pentecôte, parce qu'elle était uniquement occupée et remplie de la pensée de sa fille. Elle ne nous a jamais dit, et pour cause, ce qu'elle pensait de sa grand'mère, sainte Jeanne de Chantal, qui, pour aller à Dieu, passa sur le corps de son enfant.

De l'enfance de Mlle de Sévigné, nous savons seulement que la jeune Marguerite fut d'abord confiée aux Visitandines de Nantes, qu'elle demeura un an ou deux dans ce couvent, puis revint chez sa mère. Un certain abbé La Mousse l'initia à la philosophie de Descartes. Il semble que Mlle de Sévigné ait été une petite personne hautaine et violente, car elle souffleta rudement une de ses voisines qui s'était permis d'approcher son vilain visage trop près de celui de la jolie demoiselle. Déjà, dit sa mère, elle contemplait " son essence en coq en pâte "; et comme la voyant un peu trop vaine de ses attraits, l'abbé La Mousse lui disait : " Mademoiselle, tout cela pourrira ", elle répondait : " Oui, monsieur, mais cela n'est pas pourri. " La mère s'amusait du soufflet, riait de la repartie.

Bref, Mlle de Sévigné fut assez mal élevée. L'adulation maternelle commença de bonne heure.

A seize ans, elle parut à la cour. Sa beauté y fit merveille. C'était le teint admirable de sa mère, les mêmes cheveux blonds et fins, mais des traits plus délicats, le nez mieux fait, quelque chose de plus affiné dans le port et dans la taille. Comme sa mère, elle dansait à ravir. Elle fut, à la cour, des ballets de Benserade, et, vingt-deux ans plus tard, Mme de Sévigné, lui annonçant la représentation d'un nouveau ballet de Quinault, s'attendrissait au souvenir des divertissements où la jeune fille avait joué un rôle :

... Ce sera une belle pièce. Vous croyez bien que pour moi, je dirai : " Ce n'est pas un ballet, comme celui où dansait ma fille ; il y avait telle et telle ; elle faisait un petit pas admirable sur le bord du théâtre " et là-dessus je conterai tout le ballet ; mais vous-même ma fille, je crois que sans radoterie vous pourriez dire qu'il ne fait point souvenir du vôtre, et qu'il y avait quatre personnes, avec feu Madame, que les siècles entiers auront peine à remplacer et pour la beauté et pour la jeunesse et pour la danse : ah ! quelles bergères et quelles amazones !

Ces bergères, ces amazones, c'étaient Mlle de La Vallière, Mlle de Mortemart qui bientôt allait devenir Mme de Montespan, Mlle de Saint-Simon, la sœur du duc.

Tréville, qui passait pour l'oracle de la cour, avait annoncé, parlant de Mlle de Sévigné, que " cette beauté brûlerait le monde ". Il faillit avoir raison : un jour que Louis XIV montra quelque froideur à Mlle de La Vallière, le bruit courut qu'il avait tourné les yeux vers Mlle de Sévigné ; et Bussy mis au courant de la nouvelle écrivait à Mme de Montmorency : " Je serais fort aise que le roi s'attachât à Mlle de Sévigné, car la demoiselle est fort de mes amies, et il ne pourrait être mieux en maîtresse. " Mais Bussy fut déçu : l'incendie s'alluma ailleurs, et ce fut le règne de Mme de Montespan qui bientôt commença.

Après plusieurs mariages manqués, Marguerite de Sévigné épousa un gentilhomme provençal, François Adhémar, comte de Grignan, qui descendait des Castellane, alliés depuis le seizième siècle aux Adhémar : ces deux familles étaient les plus illustres et les plus anciennes de la Provence. " C'était, dit Saint-Simon, un fort honnête homme, fort noble, sentant fort ce qu'il était. " *Sentant fort ce qu'il était*, cela surtout dut plaire à la vaniteuse jeune fille et la faire passer sur le reste. Le reste, c'était quarante ans d'âge, deux veuvages, deux filles, des dettes considérables, une face noire comme corbeau, un nez immense, une barbe épineuse et, sur la joue droite, une touffe ébouriffée comme les moustaches d'un matou. Elle aurait, semble-t-il, pu prétendre à un autre parti, la jolie bergère des ballets de Benserade, la " plus jolie fille de France " comme l'appelait Bussy, la gracieuse cartésienne à qui La Fontaine avait dédié sa fable du *Lion amoureux,*

> Sévigné de qui les attraits
> Servent aux Grâces de modèles,
> Et qui naquites toute belle,
> A votre indifférence près,

la riche héritière à qui sa mère et l'abbé de Coulanges avaient reconstitué une dot de 300.000 livres ; mais la belle indifférente s'accommoda de ce mari qui " abusait de la permission qu'ont les hommes d'être laids ", c'était elle-même qui le disait. Quant à Mme de Sévigné, tout en plaisantant le nez et la barbe de son gendre, elle l'appelait " le plus souhaitable mari et le plus divin pour la société ".

Méfions-nous un peu de Mme de Sévigné, quand elle célèbre la belle voix, la taille avantageuse, l'esprit et les grandes manières de ce gendre incomparable, et lui décoche cette déclaration assez comique : " Je ne crois pas que vous ayez jamais eu une belle-mère (elle était la troisième) qui vous ait aimé autant que moi." Méfions-nous : son bonheur est entre les mains de M. de Grignan. Lieutenant général en Provence, il est obligé à la résidence, car le gouverneur, le duc de Vendôme, n'a que treize ans. L'unique ambition de Mme de Sévigné est d'avoir sa fille auprès d'elle. Il faut donc qu'elle se mette dans les bonnes grâces de son gendre. Ce dernier paraît, d'ailleurs, de bonne composition ; il apprécie l'honneur d'avoir pour belle-mère une personne célèbre par son esprit et qui possède à la cour des relations brillantes et fructueuses. Enfin le comte et la comtesse ont l'un pour l'autre une de ces affections raisonnables qui permettent à une mère de dire : "Ma fille est heureuse" et de n'en concevoir aucune jalousie.

M. de Grignan ne fit peut-être pas le bonheur de Mme de Grignan. En tout cas, ce ne fut pas lui qui fit le malheur de Mme de Sévigné. L'amour maternel est, comme toutes les passions, une source intarissable de chagrins et de déceptions.

Quand Mme de Grignan s'éloigne, ce sont les tristesses et les angoisses de l'absence, rendues plus cruelles encore par les maléfices de l'imagination : l'idée d'un accident, d'une maladie, d'un malheur ne peut effleurer l'esprit de la mère, sans y faire tout de suite surgir une vision nette et précise, obsédante comme la réalité.

Mme de Sévigné sera-t-elle plus heureuse, lorsque sa fille sera près d'elle ? On sait mal ce qui se passait entre ces deux femmes quand elles vivaient ensemble ; naturellement, la correspondance cesse dès qu'elles sont réunies ; mais les lettres écrites par la mère à sa fille, au lendemain de chaque séparation, en disent **long** sur leurs douloureux dissentiments.

Sans doute elles s'aiment, mais chacune a sa façon d'aimer à laquelle l'autre ne comprend rien. Mme de Grignan donne à sa mère toute l'affection dont elle est capable. Ce n'est pas beaucoup, c'est trop peu pour satisfaire l'exigeante sensibilité de Mme de Sévigné.

Jamais on ne vit deux natures aussi opposées. D'un côté la vanité, la crainte du ridicule, une tête froide et un cœur encore plus froid ; de l'autre, une exubérance que rien ne contraint, une chaleur de sentiment et de pensée que rien ne modère. Cent fois dans ses lettres. Mme de Sévigné a souligné ce contraste. " On serre les files, il n'y paraît plus ", écrit Mme de Grignan à sa mère, grandement affligée de **la** mort de La Rochefoucauld. Mme de Sévigné a la complaisance d'admirer ce

mot cruel ; mais, quelques jours après, parlant de
la douleur de Mme de La Fayette, elle plaint la
pauvre femme de ne pouvoir *serrer la file*. Une
autre fois, c’est à propos de cette maxime de La
Rochefoucauld : “ Qui vit sans folie, n’est pas si
sage qu’il croit. ” Mme de Grignan déclare qu’elle
n’entend rien à cette pensée. Mme de Sévigné est
obligée de la lui commenter : “ Hélas ! dit-elle, le
moyen de vivre sans folie, c’est-à-dire sans fantaisie ! Et un homme n’est-il pas fou qui croit être
sage en ne s’amusant et en ne se divertissant de
rien ? Vous viendrez à notre opinion. ” Elle n’y
vint jamais. Aucune femme ne fut à ce point
dépourvue de fantaisie.

Pour la punir d’avoir fait tant de peine à sa
mère, on a beaucoup malmené Mme de Grignan,
et l’on a rappelé souvent ce jugement de Bussy :
“ Cette femme-là a de l’esprit, mais un esprit aigre,
d’une gloire insupportable et fera bien des sottises.
Elle se fera autant d’ennemis que sa mère s’est
fait d’amis et d’admirateurs. ” En effet, les détracteurs de Mme de Grignan se sont multipliés à
mesure que se multipliaient les admirateurs de
Mme de Sévigné.

Elle n’a jamais trouvé qu’un avocat, Joseph de
Maistre : “ Si j’avais, disait-il, à choisir entre la

mère et la fille, j'épouserais la fille, et puis je partirais pour recevoir des lettres de l'autre. Je sais bien que c'est une mode de condamner Mme de Grignan ; mais par le recueil seulement des lettres de la mère, lues comme on doit les lire, la supériorité de la fille (dans tout ce qu'il y a de plus essentiel) me semble prouvée à l'évidence. " Ce sont là des propos qu'on tient quand on est sûr de n'avoir à épouser ni la fille ni la mère. Mais, tout de bon, sans donner raison à Joseph de Maistre, reconnaissons qu'à certains jours la tendresse de Mme de Sévigné devait être assez *pesante*, que ses *dragons* (elle appelait ainsi ses imaginations) devaient horripiler une personne flegmatique comme Mme de Grignan, et qu'elle risquait de faire jouer à sa fille un personnage un peu ridicule, quand elle allait par le monde célébrant la grâce et les mérites de la " reine de Provence ". Enfin, pour être tout à fait juste, rappelons ces lignes par lesquelles Mme de Grignan termine une lettre à son mari : " Eh ! mon Dieu ! ne viendra-t-il pas une année où je puisse voir mon mari sans quitter ma mère ? En vérité, je le souhaiterais fort ; mais quand il faut choisir, je ne balance pas à suivre mon très cher comte que j'aime et que j'embrasse de tout mon cœur. " C'était assurément d'une très bonne comtesse, mais ce n'était pas d'une fille dénaturée.

Les dissentiments entre Mme de Grignan et Mme de Sévigné remontent très loin. L'horizon commença de s'obscurcir dès les premiers temps du mariage, peut-être avant. L'orage éclate durant un séjour que Mme de Grignan fait à Paris, en 1677. Elle est alors atteinte dans sa santé et dans sa beauté. Épouvantée, sa mère la blâme de ne pas se soigner, la supplie de consulter des médecins, elle lui indique des remèdes, des régimes ; mais elle-même souffre alors de quelques vapeurs, et sa fille lui renvoie le reproche. Leur mutuelle sollicitude les engage dans les querelles sans fin qui les laissent chaque jour plus misérables et plus malades. Des amis interviennent, des amis judicieux, qui leur disent : " Vous vous faites mourir toutes deux. Il faut vous séparer. "

Mme de Grignan ne demanderait pas mieux ; languissante et maussade, elle ne répond plus rien aux plaintes de sa mère. Mais Mme de Sévigné s'emporte : le beau remède qu'une séparation ! Si pour guérir Mme de Grignan, il suffit qu'elle-même songe à sa santé, elle y songera, elle ira à Vichy, elle fera des remèdes, mais qu'on lui laisse son enfant, qu'on ne lui parle pas du mal qu'elle cause à cette fille adorée ! Cependant, un jour elle cède : Mme de Grignan retourne en Provence ; et, à mesure qu'elle s'éloigne de Paris, la voici qui se porte mieux et retrouve le sommeil. Alors les mêmes amis qui ont conseillé la séparation, viennent retrouver Mme de Sévigné : " Vous voyez comme elle se porte, et vous-même vous êtes en repos, vous voilà fort bien toutes les deux. " — " Oui, fort bien, réplique-t-elle, voilà un régime admirable, tellement que pour nous bien porter, il faut que nous soyons à deux cent mille lieues l'une de l'autre ; et l'on me dit cela avec un air tranquille : voilà justement ce qui m'échauffe le sang et me fait sauter aux nues. Au nom de Dieu, ma fille, rétablissons notre réputation par un autre voyage où nous soyons plus raisonnables, c'est-à-dire vous, et où l'on ne me dise plus : " Vous vous tuez l'une l'autre. "

Et pourtant elle finit par avouer qu'on a eu raison de les séparer !

De loin, sa fille continue de la torturer, elle écrit " Vous ne saurez plus rien faire de mal, car vous ne m'avez plus ; j'étais le désordre de votre esprit, de votre santé, de votre maison ; je ne vaux rien du tout pour vous. "

Et Mme de Sévigné ulcérée riposte : " Quelles paroles ! Comment peut-on les penser ? Et comment les peut-on dire ? Vous dites bien pis que tout ce qui m'a tant déplu, et qu'on avait la cruauté de me dire quand vous partîtes. Il me semblait que tous ces gens-là avaient parié à qui se déferait de moi le plus promptement. Vous continuez sur le même ton. Je me moquais d'eux quand je croyais que vous étiez pour moi ; à cette heure, je vois bien que vous êtes du complot. Je n'ai rien à vous répondre que ce que vous me disiez l'autre jour : " Quand la vie et les arrange- " ments sont tournés d'une certaine façon, qu'elle " passe donc cette vie tant qu'elle voudra ", et même le plus vite qu'elle voudra : voilà ce que vous me réduisez de souhaiter avec votre chienne de Provence. "

Le nouveau voyage sur lequel Mme de Sévigné compte pour " rétablir leur réputation " a lieu l'année suivante. C'est un désastre. Mme de Grignan est alors plus malade encore ; elle est épuisée par six couches en neuf ans ; sa poitrine est " d'une délicatesse à faire trembler " ; des traits émaciés, un corps amaigri, un teint fané, voilà tout ce qui reste de " la plus jolie fille de France ". Quel chagrin pour Mme de Sévigné qui a tant joui des hommages rendus à la beauté de son enfant ! Quel chagrin plus cruel encore de sentir que l'âme de cette enfant lui est désormais fermée, impénétrable, hostile ! Et les récriminations succèdent aux récriminations. Elle accuse sa fille d'injustice, gémit de sa froideur, se plaint d'être privée de ses confidences ; et l'autre, susceptible et minaudière, fait grief à sa mère de préférer à sa société la solitude de Livry. C'est sans doute à Livry, où Mme de Sévigné va souvent cacher ses larmes, qu'est écrite cette lettre bien propre à montrer où en étaient venues la mère et la fille à la veille d'une nouvelle séparation :

Vous disiez hier cruellement, ma bonne, que je serais trop heureuse quand vous seriez loin de moi ; que vous me donniez mille chagrins ; que vous ne faisiez que me contrarier. Je ne puis penser à ce discours sans avoir le cœur percé et fondre en larmes. Ma très chère, vous ignorez bien comme je suis pour vous, si vous ne savez que tous les chagrins que me peut donner l'excès de la tendresse que j'ai pour vous, sont plus agréables que tous les plaisirs du monde auquel vous n'avez point de part. Il est vrai que je suis quelquefois blessée de l'entière ignorance où je suis de vos sentiments, du peu de part que j'ai à votre confiance ; j'accorde avec peine l'amitié que vous avez pour moi, avec cette séparation de toute sorte de confidence. Je sais que vos amis sont traités autrement ; mais enfin je me dis que c'est mon malheur, que vous êtes de cette humeur qu'on ne change pas ; et plus que tout cela, ma bonne, admirez la faiblesse d'une véritable tendresse, c'est qu'effectivement votre présence, un mot d'amitié, un retour, une douceur me ramène et me fait tout oublier. Ainsi, ma belle, ayant mille fois plus de joie que de chagrin, et ce fonds étant invariable, jugez avec quelle douleur je souffre que vous pensiez que je puis aimer votre absence... Ma pauvre bonne, voilà une abominable lettre ; je me suis abondonnée au plaisir de vous parler et de vous dire comme je suis pour vous ; je parlerais d'ici à demain ; je ne veux point de réponse : Dieu vous en garde ! ce n'est pas mon dessein. Embrassez-moi seulement, et me demandez pardon, mais je dis pardon d'avoir cru que je pusse trouver du repos dans votre absence. (Lettre sans date.)

Là-dessus, Mme de Grignan embrassait sa mère, lui demandait pardon... et reprenait le chemin de la Provence.

Et Mme de Sévigné continuait de pleurer et de gémir et de se plaindre. Rien ne pouvait émouvoir Mme de Grignan, pas même ces reproches si bien voilés :

Je crois que je ferai un traité de l'amitié ; je trouve qu'il y a tant de choses qui en dépendent, tant de conduites et tant de choses à éviter pour empêcher que ceux que nous aimons n'en sentent le contre-coup ; je trouve qu'il y a tant de rencontres où nous les faisons souffrir, et où nous pourrions adoucir leurs peines, si nous avions autant de vues et de pensées qu'on doit en avoir pour ce qui tient au cœur : enfin je ferais voir dans ce livre qu'il y a cent manières de témoigner son amitié sans le dire, ou de dire par ses actions qu'on a point d'amitié, lorsque la bouche traitreusement vous en assure. Je ne parle pour personne ; mais ce qui est écrit est écrit. (2 novembre 1679).

Quelle leçon ! et quel style !

Peu à peu ces grandes tempêtes s'apaisèrent. Le grave souci de sauver la fortune des Grignan, compromise par leur faste et leur prodigalité, arrachait Mme de Sévigné à son chagrin maternel. De plus en plus dévote, elle surveillait davantage les mouvements de son imagination. Enfin, elle donnait une part de sa tendresse à ses petits-enfants; elle fût une excellente grand'mère, veilla sur l'enfance de Marie-Blanche, la première fille de Mme de Grignan, et s'occupa de l'éducation du petit marquis et de Pauline qui devint Mme de Simiane.

Elle est morte à Grignan, exténuée par les soins quelle avait prodigués à sa fille gravement malade. On a raconté que Mme de Sévigné avait succombé à la petite vérole et que, craignant la contagion, sa fille s'était abstenue de l'assister à ses derniers moments. C'est une légende. Rien ne prouve que Mme de Sévigné soit morte de la petite vérole, et aucun témoin digne de foi n'affirme que Mme de Grignan ait, en cette circonstance, manqué au devoir filial. Par contre, il paraît certain, que Mme de Sévigné est morte victime de son dévouement maternel.

Nous connaissons maintenant la page douloureuse de cette existence dont tout le reste ne fut que joie de vivre, amusement de l'esprit, tranquille soumission aux ordres de la Providence. Mme de Sévigné a beaucoup pleuré à cause des absences et des injustices de sa fille. " Mais, disait-elle, ne soyez jamais en peine de ceux qui ont le don des larmes ". Ses pleurs séchés, elle retrouvait son sourire, reprenait son enjouement.

*
* *

En 1676, Charles de Sévigné étant parti pour l'armée, sa mére écrivait : " Je suis bien triste ; le pauvre petit compère vient de partir ; il a tellement les petites vertus qui font l'agrément de la société que, quand je ne le regretterais que comme mon voisin, je serais fachée. " Mettez ces trois lignes en regard des lettres désespérées que nous lisions

CHARLES DE SÉVIGNÉ
par Sébastien Bourdon
(appartient à Madame la Comtesse des Nétumières)

il y a un instant, et vous savez quel genre d'affection Mme de Sévigné a donné à son fils. Le plus souvent, la mère a une prédilection pour le fils unique, particulièrement dans une société où tout est sacrifié à la perpétuité du nom; mais c'est le propre de la passion d'aller dans ses choix à l'encontre de la logique et de la coutume.

A vingt ans, Charles de Sévigné s'enrôla parmi les volontaires que le duc de La Feuillade avait réunis pour secourir Venise contre les Turcs; il fut de l'expédition de Candie. Il servit ensuite en Flandre et sur le Rhin ; mais bien qu'il fût brave et même d'une bravoure un peu folle, il n'avait aucun goût pour le métier militaire; tout prétexte lui était bon pour quitter sa compagnie des gendarmes-Dauphin, où sa mère lui avait acheté une charge de guidon.

« C'était, dit Saint-Simon, un bon et honnête homme qui avait eu des aventures bizarres. » Or, de ces aventures qui occupaient les loisirs du guidon, Mme de Sévigné n'a rien ignoré, et elle a tout conté à sa fille.

Le voici d'abord « sous les lois de Ninon », la même Ninon avec qui, une vingtaine d'années auparavant, Henri de Sévigné trompait si bien sa femme. Heureusement, Charles n'eut point de

postérité ; Ninon, qui était immortelle, eût
probablement continué l'éducation de la famille.
Mme de Sévigné, qui " ne peut voir ces dérègle-
ments sans chagrin ", prie Dieu pour son fils et
mande à sa fille les propos abominables de Ninon;
celle-ci trouve que le jeune Sévigné a " la
simplicité de la colombe, ressemblant en cela à sa
mère ". Mme de Sévigné ne s'en fâche point; mais
Ninon aurait ajouté que Mme de Grignan a tout
le *sel* de la maison : " Quelle corruption ! Quoi,
parce que elle vous trouve belle et spirituelle, elle
veut joindre à cela une autre qualité sans laquelle,
selon ses maximes, on ne peut être parfaite ".
Avec l'aide de Mme de La Fayette, elle s'efforce
de dépêtrer l'imprudent d'un engagement aussi
dangeureux. Mais ce n'est pas seulement chez
Ninon que la colombe perd ses plumes. Le
marquis fréquente aussi chez une " petite comédienne ", qui n'est ni plus ni moins que l'illustre
Champmeslé ; il y soupe en compagnie de Racine
et de Despréaux; ce sont des *diableries*. (Il doit y
rencontrer aussi La Fontaine ; mais Mme de
Sévigné ne prononce pas le nom du fabuliste; elle
pardonne tout au poète qui a pleuré l'infortune
de Foucquet et chanté les attraits de Mlle de
Sévigné). Un jour, le jeune marquis rompt avec

Ninon qui lui rend ses lettres et reprend celles qu'elle lui a écrites. Il retourne chez la Champmeslé, mais il en revient comme il y est allé, bizarrerie dont la " petite comédienne " n'est point responsable. Battu de l'oiseau, il s'en va conter sa déconvenue à sa mère qui éclate de rire : " Je lui dis que j'étais ravi qu'il fût puni par où il avait péché. Il s'est pris à moi et me dit que je lui avais donné de ma glace, qu'il se passerait fort bien de cette ressemblance, que j'aurais bien mieux fait de la donner à ma fille... Il disait les plus folles choses du monde, et moi aussi. C'était comme une scène de Molière ".

Il réclame à la Champmeslé les lettres passionnées qu'il lui a adressées, les fait lire à sa mère et, ce qui est plus fou encore, les porte à Ninon. Cette fois, Mme de Sévigné, qui jusqu'alors s'est divertie de toutes ces extravagances, lui reproche vertement " cette vilaine trahison et basse et indigne d'un homme de qualité. " Il court chez Ninon et, moitié par force, moitié par adresse, lui reprend les lettres. Mme de Sévigné les brûle, et l'écervelé va conter ses folies à M. de La Rochefoucauld, " qui aime les originaux " ; il faut reconnaître que, ce jour-là, M. de La Rochefoucauld fut bien servi. La Champmeslé se console avec Racine. Quant à Ninon, elle se venge en appelant le fuyard "une âme en bouillie, un corps de papier mouillé, un cœur de citrouille fricassé dans la neige."

Le rôle de la mère-confidente semble ici un peu singulier. Mme de Sévigné sentait le besoin de s'en expliquer avec sa fille : "Il me conte, disait-elle, ses folies (et il les conte avec mille détails dont je vous fais grâce) ; je le gronde, et je me fais scrupule de les écouter, et pourtant je les écoute..." Et quelques jours plus tard : "Nous sommes très bien ensemble; je suis sa confidente, et je conserve cette vilaine qualité qui m'attire de si vilaines confidences, pour être en droit de lui dire mon sentiment sur tout". Et elle le lui dit, sans doute, en bonne mère, en bonne chrétienne ; mais elle ne peut dissimuler que ces histoires l'amusent beaucoup, et, comme elles amusent également Mme de Grignan, elle laisse son fils s'épancher... Un jour, tirant la moralité de la fable, elle écrira sur un des arbres des Rochers cette devise dédiée au marquis Charles de Sévigné :

BELLA COSA FAR NIENTE.

Et la liste des "aventures bizarres" est interminable. Chaque fois, la mère est avisée des entreprises et des déboires de son fils. On fait ainsi la connaissance d'une "jolie abbesse" chez qui notre guidon va "chanter vêpres"; d'une noble personne qui passe pour l'amie de l'archevêque de Reims; d'une "beauté brune qui priait si joliment aux Capucins"; d'une proche parente des Coulanges dont le mari a mené un grand tapage, d'ailleurs vite apaisé; d'une femme passionnée et dépourvue de toute orthographe, dont les lettres font la joie de Mme de Sévigné et de Mme de Grignan; enfin d'une dame de la cour qui laisse le pauvre garçon en si pitoyable état que Mme de Sévigné se met tout de bon en colère :

Ma fille, il y a des femmes qu'il faudrait assommer à frais communs : entendez-vous bien ce que je vous dis-là ? Oui, il faudrait les assommer : la perfidie, la trahison, l'insolence, l'effronterie sont les qualités dont elles font l'usage le plus ordinaire ; et l'infâme malhonnêteté est le moindre de leurs défauts. Au reste pas le moindre sentiment, je ne dis pas d'amour, car on ne sait ce que c'est, mais je dis de la plus simple amitié, de charité naturelle, enfin d'humanité ; enfin ce sont des monstres, mais des monstres qui parlent, qui ont de l'esprit, qui ont un front d'airain, qui sont au-dessus de tous reproches; qui prennent plaisir de triompher et d'abuser de la faiblesse humaine et qui étendent leur tyrannie sur tous

les états : comptez combien il y en a dans ceux de
Bretagne; nous y voyons le clergé, la noblesse et le tiers:
voilà justement ce que je veux dire ; mettez un cadre à
cette belle peinture, et vous en ferez le portrait d'une
dame que je ne veux pas nommer [les commentateurs ont
été moins discrets]; et plût à Dieu qu'elle fût seule dans
le monde ! Mais enfin il y a des gens si malades, que ce
sera un bonheur et un miracle si on n'est point obligé
d'en venir aux extrémités. On [c'est son fils] trouve de la
consolation à se plaindre avec moi de ces sortes de
malheurs ; et en vérité j'y entre et je les comprends, ce
me semble, mieux que personne. (28 août 1680).

Et *on*, — maigre, desséché, abattu et la barbe
longue, — vient mélancoliquement abriter aux
Rochers sa lente convalescence.

Cet amoureux malchanceux et un peu ridicule
avait de charmantes qualités, de jolies manières,
un visage aux traits délicats, un peu efféminé.
D'humeur facile, il était "tout ce qu'il plaisait aux
autres ". Pour sa mère, il avait l'affection la plus
attentive ; il lui montrait toutes sortes de
gentillesses et de prévenances. Elle même, en
recevant ses lettres de l'armée, disait : " Je ne
crois pas qu'il y ait un air de politesse et
d'agrément pareil à celui qu'il a pour moi."
Lorsqu'elle fut atteinte d'une crise de rhumatisme,
il la soigna avec le plus gracieux dévouement.

Chaque fois qu'il la venait retrouver aux Rochers, il la divertissait par ses plaisanteries; il lui faisait de longues lectures : Rabelais, Montaigne, des romans, des comédies; il jouait "comme Molière." Ses lettres sont d'un tour agréable, d'un style alerte qui parfois fait penser à celui de Mme de Sévigné.

Écoutez-le railler le cartésianisme de sa sœur :

Ah ! pauvre esprit ! Vous n'aimez point Homère. Les ouvrages les plus parfaits vous paraissent dignes de mépris; les beautés naturelles ne vous touchent point: il vous faut du clinquant ou les *petits corps* (les atomes de Descartes). Si vous voulez avoir quelque repos avec moi, ne lisez point Virgile : je ne vous pardonnerais jamais les injures que vous pourriez lui dire. Cependant, si vous pouviez vous faire expliquer le sixième livret et le neuf où est l'aventure de Nisus et d'Euryalus, et le onze et le douze, je suis sûr que vous y trouveriez du plaisir : Turnus vous paraîtrait digne de votre estime et de votre amitié ; et, en un mot, comme je vous connais, je craindrais fort pour M. de Grignan, si un pareil personnage venait aborder en Provence. Pour moi qui suis son beau-frère, comme vous savez, je vous souhaiterai du meilleur de mon cœur une telle aventure ; puisqu'il est écrit que vous devez avoir la tête tournée, il vaudrait mieux que ce fût de cette manière que par l'*indéfectibilité de la matière* et par *les négations non conversibles*. Il est triste de n'être occupé que d'atomes et de raisonnements si subtils que l'on n'y puisse atteindre. (23 juillet 1677).

9

Il ne partage pas non plus tous les engouements
e sa mère. On sait l'enthousiasme un peu décon-
ertant que celle-ci montrait pour les ouvrages de
'honnête Nicole. Un jour, envoyant à Mme de
Grignan les *Essais de morale*, elle lui déclarait
" qu'on croit n'avoir lu de français que ce livre ".
Charles de Sévigné qui est alors auprès d'elle,
ajoute à la lettre cette apostille :

Pour les *Essais de morale*, je vous demande très humble-
ent pardon, si je vous dis que le *Traité de la Connais-
s nce de soi-même* me paraît difficile à comprendre, sophistiqué,
limatias en quelques endroits et surtout ennuyeux presque
artout. J'honore de mon approbation les *Manières dont*
n peut tenter Dieu [c'est un autre traité de Nicole]; mais
vous qui aimez les bons styles et qui vous y connaissez si
bien, du moins si l'on peut juger par le vôtre, pouvez-vous
mettre en comparaison celui du Port-Royal d'aujourd'hui
(1676) avec celui de M. Pascal ? C'est celui-là précisément
qui dégoûte de tous les autres ; et M. Nicole met une
quantité de belles paroles dans le sien, qui fatigue et qui
fait mal au cœur à la fin ; c'est comme qui mangerait
trop de blanc-manger : voilà ma décision.

Qui n'y souscrirait aujourd'hui ? Après une
lecture des *Provinciales*, lisez quelques pages de
Nicole et vous donnerez raison à Charles de
Sévigné, contre sa mère et sa sœur.

Enfin, il a écrit une *Dissertation critique sur*

l'Art poétique d'Horace où il prend Dacier à partie. Dacier répliqua. Il y a certes plus de style et de bon sens chez l'amateur que chez le critique de profession.

On devine combien la conversation de cet esprit curieux et orné devait séduire, entraîner Mme de Sévigné.

Le seul chapitre sur lequel la mère et le fils s'entendirent toujours assez mal, ce fut celui de l'économie. Il était prodigue ; " sa main, dit-elle, était un creuset où l'argent se fondait. " Sans cesse il criait misère. Mme de Sévigné marchandait les subsides, tandis qu'elle envoyait sans compter des perles à Mme de Grignan, et il fallait que le pauvre guidon allât plaider sa cause auprès de Mme de La Fayette. Alors celle-ci, avec sa " divine raison ", faisait entendre à son amie qu'elle ne tenait pas la balance égale entre ses deux enfants : " Il est impossible que votre fils ne fasse pas comme les autres ; et, de plus, la grande amitié que vous avez pour Mme de Grignan fait qu'il en faut témoigner à son frère. " Mme de Sévigné sentait la vérité du reproche ; mais le moyen de ne pas céder aux exigences de sa fille ! Le conflit devint aigu, lorsqu'il s'agit du mariage de Charles de Sévigné.

Cet homme de toutes les velléités et de toutes

les fragilités se montra, un beau jour, têtu comme
un Breton qu'il était. L'idée dont il ne voulut
point démordre fut tout justement d'aller s'établir
en Bretagne. Il sentit, dit sa mère, " la force
secrète qui attire naturellement les Bretons en leur
pays ". Dans ce dessein, il voulait vendre sa charge
et prendre femme en Bretagne. Il arriva, non sans
peine et sans perte, à se défaire de son guidonat.
Quant au mariage, l'opération fut plus difficile
encore. Mme de Sévigné avait déniché " une petite
fille, un peu juive de son estoc, mais dont les
millions paraissaient de bonne maison ". Charles
de Sévigné la refusa et tomba amoureux d'une fille
de trente ans sans biens ni fortune, et dont le seul
mérite était d'être native de Basse-Bretagne. Il
poussa les choses fort loin, puis se déroba. Il finit
par épouser Mlle de Mauron, fille d'un conseiller
au Parlement de Rennes, riche de 60.000 livres
de rente. Sous l'influence de Mme de Grignan,
Mme de Sévigné s'efforça de ménager, plus qu'il
n'était juste, les intérêts des Grignan dans le
partage des biens paternels. Il fallut l'adresse,
l'obstination et la bonne grâce de Charles de
Sévigné pour accommoder l'affaire et apaiser le
mécontentement de son beau-père.

La jeune marquise était maladive, tout accablée

de vapeurs ; elle changeait cent fois le jour de visage, " sans en trouver un bon " ; elle se promenait à peine, avait toujours froid ; les jours étaient trop longs pour elle. Mme de Sévigné, qui était la vie même et trouvait les jours trop courts, se sentit d'abord peu attirée vers cette jeune femme délicate et dolente. Puis, peu à peu, elle la trouva pleine de raison et " voyant les choses comme elles sont " ; elle lui fut reconnaissante d'avoir donné un peu de son bon sens à son étourdi de mari. Deux ans plus tard, elle retrouvait son fils " avec un fonds de philosophie chrétienne, chamarrée d'un brin d'anachorète, et sur le tout une tendresse infinie pour sa femme dont il est aimé de la même façon, ce qui fait en tout l'homme le plus heureux du monde ".

Le plus heureux du monde ? Pas encore. Cet anachorète se mit en tête d'être choisi pour député des États de Bretagne auprès du roi. Il échoua et eut besoin de toute sa philosophie chrétienne pour se consoler de sa déception. Cette poussée d'ambition surprend un peu chez un homme qu'on eût pu croire plus détaché ; mais son oisiveté lui pesait, il n'avait pas d'enfants. Sous l'influence de sa femme, il inclinait vers la dévotion, cependant il n'eût pas été fâché de différer l'heure de la retraite.

" Je meurs d'envie de rentrer dans le service, écrivait-il au ministre Pontchartrain ; la vie inutile que je mène en Bretagne m'est insupportable, et il faut que je finisse par cet emploi ou par une retraite entière où je ne pense plus qu'à mon salut. " Cet emploi était celui de lieutenant du roi en Bretagne. Il l'obtint et ajourna le soin de son salut. En effet, nous voyons le lieutenant du roi fort occupé d'une dame qui " embellit Nantes " ; et comme Jérôme de Pontchartrain, le fils du ministre, voyageait en Bretagne, Charles de Sévigné lui proposa de lui faire obtenir les bonnes grâces de cette personne, ce qui lui attira cette réponse un peu rude : " Cela est fort obligeant à vous, mais il me serait plus agréable de ne les devoir qu'à elle-même, et je lui en saurais plus de gré. D'ailleurs, vous n'avez pas la main heureuse, et, soit dit sans vous déplaire, vous avez été assez infortuné en amour. " Décidément, elle était solidement établie, la réputation de l'homme aux " aventures bizarres ".

Enfin, il se démit de sa charge, quitta la Bretagne et vint, avec sa femme, s'établir à Paris, dans une maison du faubourg Saint-Jacques, en face du séminaire de Saint Magloire. Les deux époux passèrent leur vieillesse dans les pratiques de la plus stricte dévotion. Charles de Sévigné mourut en 1713 et fut, à sa demande, enseveli dans l'église Saint-Jacques du Haut-Pas.

De ce personnage aimable, mais un peu falot, vous auriez l'idée la plus fausse si je ne vous lisais au moins un fragment de la lettre qu'il avait écrite à sa sœur après la mort de leur mère :

Ma mère m'a toujours fait un secret de ce qui s'était passé entre vous depuis l'accommodement qu'elle eut la bonté de faire en faveur de mon mariage. Je n'ai jamais été bien connu d'elle sur ce sujet : elle m'a quelquefois soupçonné d'intérêt et de jalousie contre vous pour toutes les marques d'amitié qu'elle vous a données. J'ai présentement le plaisir de donner des marques authentiques des véritables sentiments de mon cœur. M. le lieutenant civil a été témoin des premiers mouvements qui sont toujours les plus naturels. Je suis très content de ce que ma mère a fait pour moi, pendant que j'étais dans la gendarmerie et à la cour ; j'ai encore devant les yeux tout ce qu'elle a fait pour mon mariage auquel je dois le bonheur de ma vie ; je sais *toutes les obligations longues et solides que nous lui avons* : ce sont là les mêmes paroles, dont vous vous servez dans votre lettre, tout le reste ne m'a jamais donné la moindre émotion. Quand il serait vrai qu'il y aurait eu dans son cœur quelque chose de plus tendre pour vous que pour moi, croyez-vous, en bonne foi, ma très chère sœur, que je puisse trouver mauvais qu'on vous trouve plus aimable que moi ? et ma fortune, soit faute de bonheur, soit faute de mérite, s'est-elle tournée de manière à bien encourager à me faire des biens de surérogation ? Jouissez tranquillement de ce que vous tenez de la bonté et de l'amitié de ma mère ; quand j'y pourrais donner atteinte, ce qui me fait horreur à penser, et que j'en aurais des moyens aussi présents qu'ils seraient difficiles à trouver, je me regarderais comme un monstre, si j'en avais la moindre intention. Les trois quarts de ma course, pour le moins, sont passés ; je n'ai point d'enfants, et vous m'en avez faits que j'aime tendrement ; je suis plus aise de leur laisser ce que Dieu m'a donné en ce monde, que si je le laissais à des marmots de ma façon, qu'on ne saurait ce qu'ils devraient devenir un jour. Je ne souhaite point d'avoir plus que je n'ai ; grâces à vous et à un ministre [Pontchartrain], je suis assez bien dans mon état. Si je pouvais souhaiter d'être plus riche, ce serait par rapport à vous et à vos enfants. Nous ne nous battrons jamais qu'à force d'amitié et d'honnêteté. Je veux que les Grignan me trouvent dignes d'eux et de moi. Je ne leur sacrifie rien, mais je leur sacrifierais beaucoup pour avoir leur amitié et leur estime...

Adieu, ma très chère et très aimable sœur : n'est-ce pas une consolation pour nous, en nous aimant tendrement par inclination, comme nous faisons, que nous obéissions à la meilleure et à la plus aimable de toutes les mères ? Soyons donc plus étroitement unis que jamais, et comptez que tout ce qui pourra vous faire plaisir, sera une loi inviolable pour moi.

La générosité, la modestie, la tendresse que révèle cette lettre si noble et si touchante, Mme de Sévigné ne pouvait pas les ignorer, pas plus qu'elle n'ignorait, pour son malheur, la sécheresse et la vanité de sa fille. Et pourtant le plus aimable fut assurément le moins aimé !

MADAME DE SÉVIGNÉ
par MIGNARD
(appartient à la famille de Luçay)

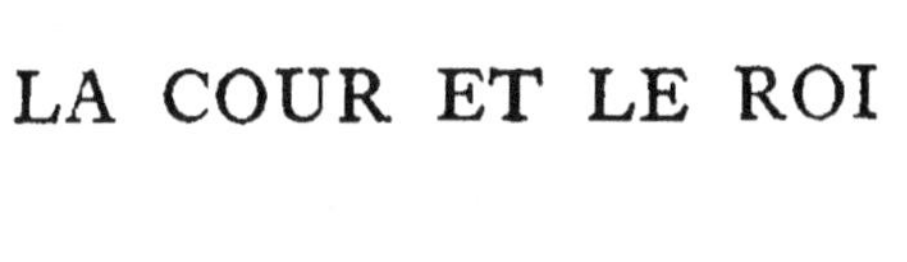
LA COUR ET LE ROI

Mme de Sévigné raconte qu'un soir, chez M. de Pomponne, la conversation tomba sur les *dessous des cartes* :

Une de nos folies a été de découvrir tous les *dessous des cartes* de toutes les choses que nous croyons voir et que nous ne voyons pas, tout ce qui se passe dans les familles, où nous trouverions de la haine, de la jalousie, de la rage et du mépris, au lieu de toutes les belles choses qu'on met au-dessus du panier et qui passent pour des vérités. Je souhaitai un cabinet tout tapissé de *dessous de cartes* au lieu de tableaux ; cette folie nous mena bien loin... Vous pensez donc que cela est ainsi dans une maison ; vous pensez que l'on s'adore en cet endroit-là ; tenez, voyez : on s'y hait jusqu'à la fureur, et ainsi de tout le reste ; vous pensez que la cause d'un tel événement est une telle chose : c'est le contraire; en un mot, le petit démon qui nous tirerait le rideau, nous divertirait extrêmement... (24 juillet 1675.)

Mme de Sévigné nous tire le rideau. Le " cabinet tapissé de *dessous de cartes* ", c'est sa correspondance avec sa fille, et ses lettres forment la plus vivante et peut-être la plus vraie des chroniques du dix-septième siècle.

Au hasard de cette libre causerie apparaissent d'innombrables personnages qui vont et viennent sous nos yeux et que nous surprenons dans leurs propos familiers, leurs attitudes ordinaires, leurs manies et leurs tics. Ce n'est pas ici une galerie de grands portraits comme chez Retz où Saint-Simon, mais un simple album de croquis, prestement enlevés d'une main adroite et sûre. Mme de Sévigné excelle à saisir le geste, le soubresaut, la grimace où se trahit l'individu ; elle les rend d'un trait tantôt sommaire et estompé, tantôt mordant et comme gravé à l'eau-forte.

Un jour, feuilletant des estampes d'Edelinck et de Nanteuil, je me plaignais de ne pouvoir distinguer les uns des autres tous ces bonshommes solennellement emperruqués, car cette chevelure postiche " change les traits (la remarque est de La Bruyère) et empêche qu'on ne connaisse les hommes à leur visage ". Quelqu'un qui a beaucoup exploré le dix-septième siècle me fit voir qu'on peut remédier à cet inconvénient, si l'on encadre l'ovale de la face dans un carton découpé qui recouvre toute l'épaisseur des cheveux. Grâce à ce stratagème, tout de suite apparaît le caractère original de chaque physionomie. Avec Mme de Sévigné, il n'est pas besoin de cache-perruque.

D'un mot, elle met en lumière tout un visage, toute une âme, tout un homme.

C'est la vie même. Est-ce aussi la vérité, je veux dire la vérité historique ?

Jamais Mme de Sévigné n'a songé à "documenter", comme on dit, les historiens de l'avenir, car elle ignorait que les historiens dussent s'occuper un jour de sa personne et de ses écrits. Cela déjà donne du prix à ses délicieux bavardages.

Cette chronique est sans doute incomplète : la correspondance s'interrompt entre la mère et la fille, quand l'une est à Grignan ou l'autre à Paris; les lettres aux Guitaut et surtout celles à Bussy sont surveillées et prudentes. Mais, dès que nous tenons des lettres de Mme de Sévigné à Mme de Grignan, la chronique est digne de foi : rédigée au jour le jour, elle accueille parfois, — très rarement, — de faux bruits; le plus souvent, elle est puisée aux meilleures sources. Jamais le souci de ne pas tromper la postérité n'a inspiré à un auteur de mémoires les scrupules que suggérait à Mme de Sévigné le désir de fidèlement informer sa fille. D'ailleurs, la chroniqueuse mérite toute confiance. Dès qu'il ne s'agit ni des vertus ni des talents de Mme de Grignan, elle voit clair et raisonne juste ; elle est véridique. Douée d'une imagination, si l'on peut dire, réaliste, elle voit les choses avec une acuité extraordinaire, mais elle les voit " telles qu'elles sont ". Elle devine, elle pressent ; le récit qu'elle vient d'entendre, elle le transforme aussitôt en une petite scène de drame ou de comédie, mais sans rien ajouter à ce qui lui fut conté, si ce n'est une soudaine vivacité de tour et d'expression. Elle ne brode jamais.

Enfin, le témoignage de Mme de Sévigné est d'autant plus sûr qu'elle regarde son siècle sans mépris, sans colère. Elle ne hait personne, si ce n'est une méchante femme qui s'est permis de décrier Mme de Grignan et qu'elle surnomme Merlusine. Elle assiste sans broncher à tous les scandales de son temps, et ils sont abominables. Tranquillement, elle rapporte à sa fille des anecdotes, comme celle-ci :

Je ne sais si vous avez su que Villarceaux, parlant au Roi d'une charge pour son fils, prit habilement l'occasion de lui dire qu'il y avait des gens qui se mêlaient de dire à sa nièce que Sa Majesté avait quelques desseins pour elle ; que, si cela était, il le suppliait de se servir de lui ; que l'affaire serait mieux entre ses mains que dans celles des autres, et qu'il s'y emploierait avec succès. Le Roi se mit à rire, et dit : " Villarceaux, nous sommes trop vieux, vous et moi, pour attaquer des demoiselles de quinze ans... " (23 décembre 1671).

Mme de Sévigné n'est pas une moraliste, elle fait comme le roi : elle rit. Chez elle, rien des sourdes colères d'un La Bruyère, rien des haineux emportements d'un Saint-Simon. Un peu de médisance, jamais de calomnie. Elle est une spectatrice qui s'amuse, et qui demain racontera la pièce, pour son plaisir et pour celui de sa fille.

Les historiens du dix-septième siècle ont donc trouvé beaucoup à glaner dans la correspondance de Mme de Sévigné. Il est impossible de tracer, sans recourir à ses lettres, le tableau de la cour et de la province sous Louis XIV. Je vous parlerai aujourd'hui de la cour, la prochaine fois de la province.

*
* *

Mme de Sévigné n'appartenait pas à la cour, n'ayant aucune charge auprès de la reine ou des princesses du sang. Elle le regrettait; elle disait à son fils que c'était un grand plaisir d'être obligé de se trouver à la cour, d'y avoir une place, une contenance. " Pour moi, si j'en avais eu une, j'aurais fort aimé ce pays-là ; c'était par n'en avoir point que je m'en suis éloigné ; cette espèce de mépris est un chagrin; je m'en venge à en médire, comme Montaigne de la jeunesse... " Mais son humeur libre, son franc parler se seraient-ils longtemps accommodés des sujétions de la cour ? Quoi qu'il en fût, elle allait de temps en temps à Versailles ; elle y était bien accueillie par la reine, les princesses, les favorites. Puis, chez Pomponne et chez La Rochefoucauld elle apprenait les nouvelles. De fidèles amies lui venaient rapporter les derniers commérages de Versailles. De tout cela, elle composait sa gazette.

On connaît les lettres célèbres sur le mariage de Lauzun, sur l'établissement des Stuarts à Saint-Germain, sur la disgrâce de Pomponne et tant d'autres récits qui semblent faits pour illustrer le chapitre de La Bruyère sur la cour. Ne pouvant tout citer, je voudrais vous montrer à travers la correspondance de Mme de Sévigné comment déclina la faveur de Mme de Montespan et grandit celle de Mme de Maintenon. C'est Saint-Simon lui-même qui, dans ses *Mémoires*, attire notre attention sur cette partie des lettres de Mme de Sévigné. Dans sa furieuse diatribe contre Mme de Maintenon, arrivé au moment où s'engage le duel des deux favorites, il écrit : " C'est ce que Mme de Sévigné sait peindre si joliment en énigme, dans ses lettres à Mme de Grignan, où elle l'entretient quelquefois des mou-

vements de la cour, parce que Mme de Maintenon
avait été à Paris assez de la société de Mme de
Sévigné, de Mme de La Fayette et de Mme de
Coulanges, et qu'elle commençait à leur faire
sentir son importance. On y voit aussi dans le
même goût des traits charmants sur la faveur
voilée, mais brillante, de Mme de Soubise. "

Recueillons donc les impressions de Mme de
Sévigné sur ces longues intrigues dont bien des
péripéties resteront toujours mystérieuses.

Voici le scénario du drame. En 1671, époque
où nous commencerons de feuilleter les lettres de
Mme de Sévigné, trois personnages occupent la
scène : le Roi, Mlle de La Vallière que le Roi
n'aime plus et Mme de Montespan qui triomphe;
Mme Scarron est encore dans la coulisse ; elle en
sort quatre ans plus tard, devenue Mme de
Maintenon, au moment même où Mlle de La
Vallière prend le voile au Carmel. Dès lors,
pendant neuf ans, le drame se joue entre le Roi,
Mme de Montespan que le Roi n'aime plus et
Mme de Maintenon dont, chaque jour, il subit
davantage l'ascendant. Des comparses traversent
l'action : Mme de Soubise, Mme de Ludres, Mlle de
Fontanges : elles satisfont les derniers caprices du
Roi et l'aident à secouer la chaîne de Mme de

Montespan. En 1684, tout finit par un mariage, celui de Louis XIV avec Mme de Maintenon.

Au mois de février 1671, Mme de Montespan est depuis trois ans la maîtresse du roi. Un enfant est né en 1669, un autre, le duc du Maine, en 1670. Mlle de La Vallière vient de se réfugier à Chaillot, dans un couvent d'où elle a annoncé à Louis XIV sa résolution de faire pénitence ; mais le roi envoie Colbert au couvent de Chaillot et Colbert ramène la fugitive. Le Roi a beaucoup pleuré ; Mme de Montespan a couru au-devant de La Vallière "les bras ouverts et les larmes aux yeux". Ayant conté cette scène étrange, Mme de Sévigné ajoute : " Tout cela ne se comprend pas. Les uns disent qu'elle demeurera à Versailles, les autres, qu'elle reviendra à Chaillot ; nous verrons. " Et La Vallière reste à la cour ; elle y restera trois années pour assister à tous les triomphes de sa rivale.

En ce temps-là, Mme de Sévigné ne paraît guère compatir aux infortunes de La Vallière. Elle voit avec satisfaction grandir la faveur de Mme de Montespan. C'est qu'alors à la fortune de celle-ci est liée la fortune de Mme Scarron, et Mme Scarron, comme le rappelait Saint-Simon, est l'amie de Mme de Coulanges, de Mme de La

Fayette et de Mme de Sévigné, — amitié de jeunesse qui s'est formée au temps où le poète infirme réunissait dans son logis de la rue Saint-Louis " tout ce qu'il y avait de meilleur et de plus distingué ". Mme de Montespan a tiré de la misère la veuve de Scarron ; elle lui témoigne l'affection la plus vive; elle lui a fait confier le soin d'élever les enfants qu'elle a eus du roi.

" Nous soupons tous les soirs avec Mme Scarron, écrit Mme de Sévigné. Elle a l'esprit aimable et merveilleusement droit ; c'est un plaisir que de l'entendre raisonner sur les horribles agitations d'un pays qu'elle connaît si bien. " Ce pays, c'est la cour, et Mme Scarron vient d'y être introduite.

La maison de campagne où Mme Scarron élève les enfants de Mme de Montespan reste longtemps mystérieuse. Mais le secret finit par s'ébruiter ; d'ailleurs Louis XIV va bientôt légitimer ses bâtards. C'est quelques jours avant la déclaration royale que Mme de Sévigné écrit à Mme de Grignan:

Nous soupâmes encore hier avec Mme Scarron et l'abbé Têtu chez Mme de Coulanges. Nous causâmes fort; vous n'êtes jamais oubliée. Nous trouvâmes plaisant de l'aller ramener à minuit, au fin fond du faubourg Saint-Germain, fort au delà de Mme de La Fayette, quasi auprès de Vaugirard, dans la campagne: une grande et belle maison où l'on n'entre point. Il y a un grand jardin, de beaux et grands appartements. [Cette maison n'a pas disparu; elle se trouve entre la rue de Vaugirard et la rue du Cherche-Midi, tout près du boulevard Montparnasse.] Elle a un carrosse, des gens et des chevaux ; elle est habillée modestement et magnifiquement comme une personne de qualité. Elle est aimable, bonne, belle et négligée ; on cause fort bien avec elle. Nous revînmes gaiement à la faveur des lanternes, et dans la sûreté des voleurs." [Ces lanternes étaient des lanternes à chandelles qu'on allumait depuis peu dans les rues de Paris, durant six mois de l'année, les huit jours de lune exceptés.] (4 décembre 1673).

Cette façon de s'habiller *modeste* et *magnifique* était particulière à Mme de Maintenon. Son confesseur lui disait un jour : " Je vois tomber avec vous, quand vous vous mettez à genoux, une quantité d'étoffe à mes pieds, qui a si bonne grâce que je trouve quelque chose de trop bien. "

Quant à Mlle de la Vallière qui demeure toujours à la cour, Mme de Sévigné continue de la railler : " Mme de La Vallière ne parle plus d'aucune retraite ; c'est assez de l'avoir dit ; sa femme de chambre s'est jetée à ses pieds, pour l'en empêcher : peut-on résister à cela ?" Un jour, pourtant, la voici qui franchit la grille du Carmel. Mme de Sévigné raille encore : " La pauvre personne a tiré

jusqu'à la lie de tout. Elle est aux Carmélites...
Elle a fait couper ses beaux cheveux, mais elle a
gardé deux belles boucles sur le front ; elle caquète
et dit merveille... Elle assure qu'elle est ravie
d'être dans une solitude, elle croit être dans un
désert, pendue à cette grille. Elle nous fait souvenir de ce que nous disait, il y a bien longtemps,
Mme de La Fayette, après avoir été deux jours à
Rueil, que, pour elle, elle s'accommoderait fort
bien de la campagne. "

Cependant, un an plus tard, il faut se rendre à
l'évidence : après une année de noviciat, le mardi
de la Pentecôte de 1675, sœur Louise de la Miséricorde prend le voile en présence de la reine et de
toute la cour. Cette fois, Mme de Sévigné ne raille
plus : " Elle fit donc cette action, cette belle et
charmante personne, comme toutes les autres de sa
vie, d'une manière noble et charmante. Elle est d'une
beauté qui surprit tout le monde... " (5 juin 1675).

Tandis que Mlle de La Vallière entre au Carmel,
un complot est ourdi afin d'arracher le Roi à
Mme de Montespan. Mme de Sévigné ne dit rien
de cette pieuse entreprise, mais elle en constate le
succès : " Le Roi a fait ses dévotions à la Pentecôte ; Mme de Montespan les a faites, de son côté ;
elle est très occupée de ses ouvriers, et elle va à

Saint-Cloud où elle joue à la hoca... " Et un mois après : " Cela est plaisant que tous les intérêts de *Quanto* [*Quanto* et *Quantova* sont les surnoms par lesquels Mme de Sévigné désigne le plus souvent Mme de Montespan ; jusqu'à présent on n'a donné de ces sobriquets aucune explication satisfaisante] et toute sa politique s'accordent avec le christianisme, et que le conseil de ses amis ne soit que la même chose avec celui de M. de Condom [Bossuet]. Vous ne sauriez vous représenter le triomphe où elle est au milieu de ses ouvriers qui sont au nombre de douze cents : le palais d'Apollidore et le jardin d'Armide en sont une légère description. [Il s'agit du château de Clagny.] La femme de son *ami solide* [la Reine] lui fait des visites, et toute la famille tour à tour : elle passe nettement devant toutes les duchesses... " (3 juillet 1675.)

La politique de Bossuet était de ménager, au besoin de flatter l'orgueil de la favorite et de lui passer toutes ses prodigalités pourvu qu'elle consentît à ne plus être la maîtresse du roi. Cette politique se fût accordée, en effet, avec les intérêts de Mme de Montespan, car, sûre de son pouvoir, celle-ci pouvait toujours espérer une revanche ; mais, au même moment, une influence commençait de s'exercer sur Louis XIV, plus redoutable que celle des confesseurs et de Bossuet lui-même. Le roi, qui avait d'abord témoigné peu de sympathie à Mme Scarron, prenait maintenant un goût très vif à la société de la " gouvernante ". Il lui avait permis d'acheter la terre de Maintenon et de s'en dire marquise. Mme de Montespan vit le danger, et, brusquement, dans cet été de 1675, la rivalité des deux femmes commença de faire l'entretien de la cour.

Je veux, ma bonne, écrit Mme de Sévigné, vous faire voir un petit dessous de carte qui vous surprendra, c'est que cette belle amitié de Mme de Montespan et de son amie qui voyage [Mme de Maintenon avait accompagné à Barèges le petit duc du Maine] est une véritable aversion depuis près de deux ans ; c'est une aigreur, une antipathie, c'est du blanc, c'est du noir ; vous demandez d'où vient cela. C'est que l'*amie* [Mme de Maintenon] est d'un orgueil qui la rend révoltée contre les ordres de l'autre ; elle veut bien être au père, mais non pas à la mère ; elle fait le voyage à cause de lui et point du tout pour l'amour d'elle. On gronde l'*ami* [le Roi] d'avoir trop d'amitié pour cette glorieuse ; mais on ne croit point que cela dure, à moins que l'aversion ne se change, ou que le bon succès du voyage ne fît changer ces cœurs. Ce secret roule sous terre depuis six mois ; il se répand un peu ; je crois que vous en serez surprise. Les amis de l'*amie* en sont affligés. (7 août 1675.)

Et toute la cour est attentive. Mme de Montespan pleure : le Roi peut se passer d'elle ; tout ce qu'il veut, c'est sa liberté et " une place de sûreté contre la dame du château ", la Reine, et c'est ce qu'il trouve maintenant chez Mme de Maintenon. On observe qu'il est " gai et content de n'être plus dans le trouble ".

Mme de Maintenon revient de Barèges d'où elle ramène le duc du Maine, et, tenant l'enfant par la main, elle apparaît dans le cabinet du roi, un jour plus tôt qu'elle n'est attendue. Le roi est transporté de joie. M. de Louvois se rend lui-même chez la gouvernante ; Mme de Richelieu l'invite à souper ; les uns lui baisent les mains, les autres la robe ; et, ajoute Mme de Sévigné, elle se moque de tous, " si elle n'est bien changée ".

Quelques mois plus tard, Mme de Sévigné mande à Mme de Grignan : " Tout est soumis à son empire ; toutes les femmes de chambre de sa voisine sont à elle ; l'une lui tient le pot à pâte, à genoux devant elle, l'autre lui apporte ses gants, l'autre l'endort ; elle ne salue personne, et je crois que, dans son cœur, elle rit bien de cette servitude. On ne peut rien juger de ce qui se passe présentement entre son amie et elle. " (6 mai 1676.)

On ne peut rien juger, mais on regarde, et ce

qu'on voit, c'est l'affreuse agitation de Mme de Montespan, ses brusques caprices, ses folles prodigalités, tout le faste par lequel elle cherche à
s'étourdir. Un jour la fantaisie lui vient d'accom-
pagner la reine chez les Carmélites où Mlle de
La Vallière a pris le voile.

La Reine a été deux fois aux Carmélites avec Mme de
Montespan où cette dernière se mit dans la tête de faire
une loterie ; elle fit apporter tout ce qui peut convenir à
des religieuses ; cela fit un grand jeu dans la communauté. Elle causa fort avec sœur Louise de la Miséricorde
[La Vallière]; elle lui demanda si tout de bon elle était
aussi aise qu'on le disait. " Non, dit-elle, je ne suis point
aise, mais je suis contente. " Elle lui parla fort du frère
de Monsieur, et si elle ne lui voulait rien mander, et ce
qu'elle dirait pour elle. L'autre, d'un ton et d'un air tout
aimable, et peut-être piquée de ce style : " Tout ce que
vous voudrez, Madame, tout ce que vous voudrez. "
Mettez dans cela toute la grâce, tout l'esprit et toute la
modestie que vous pourrez imaginer. Après cela *Quanto*
voulut manger, elle donna une pièce de quatre pistoles
pour acheter ce qu'il fallait pour une sauce, qu'elle fit
elle-même et qu'elle mangea avec un appétit admirable...
(29 avril 1676.)

Mme de Maintenon est-elle présente ? Mme de
Sévigné n'en dit rien. Mais, pour la beauté de la
scène, imaginons qu'elle se trouve là, en même

temps que la reine et Mlle de La Vallière, regardant Mme de Montespan tourner sa sauce dans la cuisine du Carmel.

Quatre pistoles, c'est-à-dire quarante livres, pour une sauce de la façon de *Quanto !* Mais *Quanto* a des régals et des divertissements qui coûtent plus de quatre pistoles.

Voici comment elle voyage : pour aller de Bourbon à Fontevrault, chez sa sœur l'abbesse, par l'Allier et la Loire, elle s'embarque " dans un bateau peint et doré et meublé de damas rouge par dedans qui lui avait été préparé par l'intendant, avec mille chiffres, mille banderoles de France et de Navarre ; jamais il n'y eut rien de plus galant; cette dépense va à plus de mille écus ".

Et voici comment elle est parée à Versailles. La description de cette parure se trouve dans une longue lettre qui pourrait s'intituler : une journée à Versailles. Le récit en est si brillant qu'il en faut citer au moins quelques traits : la figure de Mme de Montespan se détachera mieux dans ce cadre magnifique.

Vous connaissez la toilette de la Reine, la messe, le dîner ; mais il n'est plus besoin de se faire étouffer pendant que leurs Majestés sont à table ; car, à trois heures, le Roi, Monsieur, Madame, Mademoiselle, tout ce qu'il

y a de princes et de princesses, Mme de Montespan, toute
sa suite, tous les courtisans, toutes les dames, enfin ce qui
s'appelle la cour de France, se trouve dans ce bel appartement du Roi que vous connaissez. Tout est meublé
divinement, tout est magnifique. On ne sait ce que c'est
que d'y avoir chaud ; on passe d'un lieu à l'autre, sans
faire la presse en nul lieu. Un jeu de reversi donne la
forme et fixe tout. C'est le roi (Mme de Montespan tient
la carte), Monsieur, la reine et Mme de Soubise ; Dangeau
et compagnie, Langlé et compagnie. Mille louis sont
répandus sur le tapis, il n'y a point d'autres jetons. Je
voyais jouer Dangeau... Il dit que je prenais part à son
jeu, de sorte que je fus assise très agréablement et très
commodément. Je saluai le roi comme vous me l'avez
appris ; il me rendit mon salut comme si j'avais été jeune
et belle. La reine me parla aussi longtemps de ma maladie
que si c'eût été une couche... Mme de Montespan me
parla de Bourbon et me pria de lui conter Vichy et
comme je m'en étais trouvée ; elle me dit que Bourbon,
au lieu de lui guérir un genou, lui a fait mal aux deux.
Je lui trouvai le dos bien plat, comme disait le maréchal
de la Meilleraye ; mais sérieusement, c'est une chose
surprenante que sa beauté ; et sa taille qui n'est pas de
moitié si grosse qu'elle était, sans que son teint, ni ses
yeux, ni ses lèvres en soient moins bien. Elle était tout
habillée de point de France ; coiffée de mille boucles ; les
deux des tempes lui tombaient fort bas sur les deux joues;
des rubans noirs sur la tête, des perles de la maréchale de
l'Hospital, embellies de boucles et de pendeloques de
diamant de la dernière beauté ; trois ou quatre poinçons ;
point de coiffe ; en un mot une triomphante beauté à

faire admirer à tous les ambassadeurs. Elle a su qu'on se plaignait qu'elle empêchait toute la France de voir le roi; elle l'a redonné, comme vous voyez; et vous ne sauriez croire la joie que tout le monde en a, ni de quelle beauté cela rend la cour. Cette agréable confusion, sans confusion, de tout ce qu'il y a de plus choisi, dure jusqu'à six heures depuis trois. S'il vient des courriers, le roi se retire pour lire ses lettres, puis revient. Il y a toujours quelque musique qu'il écoute et qui fait un très bon effet. Il cause avec celles qui ont accoutumé d'avoir cet honneur... A six heures donc on monte en calèche, le roi, Mme de Montespan, Monsieur, Mme de Thianges, et la bonne d'Heudicourt sur le strapontin... La reine était dans une autre avec les princesses, et ensuite tout le monde attroupé selon sa fantaisie. On va sur le canal dans des gondoles, on y trouve de la musique, on revient à dix heures, on trouve la comédie, minuit sonne, on fait *medianoche ;* voilà comme se passa le samedi. (29 juillet 1676.)

Dans l'enivrement de sa gloire, il y a des jours où la " triomphante beauté " oublie les faveurs dont est comblée Mme de Maintenon et l'humiliation d'en être réduite à la " pure et simple amitié ". Alors elle se sent " au-dessus de toutes choses et ne craint non plus ses petites morveuses de nièces que si elles étaient charbonnées [Mme de Nevers et Mme de Thianges qui avaient, un moment, dit-on, attiré l'attention du Roi]. Comme elle a bien de l'esprit, elle paraît entièrement délivrée de la crainte d'enfermer le loup dans la bergerie ; sa beauté est extrême, et sa parure est comme sa beauté, et sa gaieté comme sa parure. " (7 août 1676.)

Cependant ces beaux jours sont suivis d'amers lendemains, où elle tâche en vain de cacher aux autres ce qu'elle ne peut plus se dissimuler à elle-même. " Elle affecte fort de ne pas avoir d'heures particulières [pour recevoir le Roi] ; tout le monde est persuadé que la bonne politique veut qu'elle n'en eût point, et que, si elle en avait, elle n'en aurait plus. " (14 août 1676.)

Enfin, si Louis XIV a bien voulu se séparer de Mme de Montespan pour obéir aux directions de Bossuet et de son confesseur, il ne paraît pas d'humeur à laisser vacante la place de Mme de Montespan : " On dit qu'on sent la chair fraîche dans le pays de *Quanto*... On sait que le *cavalier* [le Roi] est gai et réveillé, et la demoiselle toute contrariée et quelquefois larmoyante. " (21 août 1676.)

Et voici tous ces " mouvements de la cour " que Saint-Simon louait Mme de Sévigné d'avoir si bien décrits :

2 septembre 1676. — " La vision de Mme de Soubise [d'aucuns avaient cru qu'elle allait succéder à Mme de

Montespan] a passé plus vite qu'un éclair ; tout est raccommodé. *Quanto,* l'autre jour, au jeu avait la tête appuyée familièrement sur l'épaule de son amie ; on crut que cette affection était pour dire : " Je suis mieux que jamais. " Mme de Maintenon est revenue de chez elle ; sa faveur est extrême.

4 septembre. — La belle des belles est gaie, c'est un bon témoignage.

11 septembre. — Tout le monde croit que l'étoile de Mme de Montespan pâlit. Il y a des larmes, des chagrins naturels, des gaietés affectées, des bouderies ; enfin, ma bonne, tout finit. On regarde, on observe, on s'imagine, on trouve des rayons de lumière sur des visages que l'on trouvait indignes, il y a un mois, d'être comparés aux autres ; on joue fort gaiement, quoiqu'on garde la chambre. Les uns tremblent, les autres se réjouissent, les uns souhaitent l'immutabilité, la plupart un changement de théâtre ; enfin l'on est dans le temps d'une crise d'attention, à ce que disent les plus clairvoyants.

30 septembre. — Tout le monde croit que le roi n'a plus d'amour... Mme de Montespan est embarrassée... Tant de beauté et tant d'orgueil se réduisent difficilement à la seconde place... Il est certain qu'il y a eu des regards, des façons pour la *bonne femme* [Mme de Soubise] ; mais, quoique tout ce que vous dites soit vrai, elle est une autre, et c'est beaucoup. Bien des gens croient qu'elle est trop bien conseillée pour lever l'étendard d'une telle perfidie avec si peu d'apparence d'en jouir longtemps ; elle serait précisément en butte à la fureur de Mme de Montespan ; elle ouvrirait les chemins de l'infidélité et ne servirait que comme d'un passage pour aller à d'autres plus jeunes et plus ragoûtantes...

2 octobre. — Enfin la joie est revenue et tous les airs de jalousie disparus. Ce que l'on mande aujourd'hui, n'est plus vrai demain... C'est un pays bien opposé à l'immutabilité...

En effet, un moment, Mme de Montespan croit qu'elle a retrouvé son empire. Aux cadeaux dont les courtisans l'accablent, on peut voir que cette confiance est partagée par toute la cour. C'est Lenglé qui lui offre "une robe d'or sur or, rebrodée d'or et par-dessus un or frisé, rebroché d'un or mêlé à un certain or, qui fait la plus divine étoffe qui ait été imaginée ; ce sont les fées qui ont fait cet ouvrage ". C'est Dangeau, qui voulant enrichir la ménagerie de Clagny, a "ramassé pour plus de deux mille écus de toutes les tourterelles les plus passionnées, de toutes les truies les plus grasses, de toutes les vaches les plus pleines, de tous les moutons les plus frisés, de tous les oisons les plus oisons... "

Cependant une chanoinesse de Lorraine, Mme de Ludres, fille d'honneur de la princesse Palatine, fort belle, mais dont l'accent tudesque divertit la cour, rêve un instant de supplanter Mme de Montespan. Celle-ci fait une vie enragée à ce *haillon*, comme elle l'appelle. Louis XIV se dégoûte vite de Mme de Ludres ; et de la réconciliation qui suit cette brève infidélité, *Quanto* tâche de se servir pour raffermir son crédit. " Ah ! ma fille, quel triomphe à Versailles ! Quel orgueil redoublé ! Quel solide établissement ! Quelle duchesse de Valentinois ! Quel ragoût même par les distractions et par l'absence ! Quelle reprise de possession !.. (11 juin 1677) *Quanto* et son ami sont plus longtemps et plus vivement ensemble qu'ils n'ont jamais été ; l'empressement des premières années s'y retrouve, et toutes les contraintes sont bannies." (2 juillet 1677.)

C'est la dernière flambée, elle s'éteint vite ; l'ascendant de Mme de Maintenon devient chaque jour plus puissant sur l'esprit de Louis XIV. D'ailleurs, après Ludres, voici Fontanges, celle dont l'abbé de Choisy dit qu'elle est " belle comme un ange et sotte comme un panier. " Elle est d'abord " la personne qu'on ne voit point et dont on ne parle point ", mais qui " paraît quelquefois comme une divinité ". Tant de discrétion n'a qu'un temps. Le mois suivant, on représente à la cour le ballet de *Proserpine*. Une scène entre Mercure et Cérès contient les allusions les plus transparentes aux reproches dont Mme de Montespan ne cesse d'accabler le roi. Cérès se plaint des infidélités de Jupiter :

> Peut-être qu'il m'estime encore,
> Mais il m'avait promis qu'il m'aimerait toujours.

Mercure répond qu'un amant chargé d'un grand empire

> N'a pas toujours le temps de bien aimer.

Et Cérès réplique :

> Quand de son cœur je devins souveraine,
> N'avait-il pas le monde à gouverner ?
> Et ne trouvait-il pas sans peine
> Du temps de reste à me donner ?

« Cette scène, dit Mme de Sévigné, n'est pas bien difficile à entendre ; il faut qu'on l'ait approuvée pour qu'on la chante, vous en jugerez. » (9 février 1680.)

La semaine suivante, on voit dans la cour de Saint-Germain « un très beau carrosse tout neuf à huit chevaux avec des chiffres, plusieurs chariots, quatorze mulets, beaucoup de gens autour habillés en gris ; et dans le fond de ce carrosse monte la plus belle personne de la cour. » Enfin, quand le roi part pour l'armée, il y a un bal à Villers-Cotterets où Fontanges se montre parée des mains de Mme de Montespan. Bientôt duchesse avec vingt mille écus de pension, elle prend son tabouret, et va passer le temps de Pâques dans une abbaye que le roi a donnée à une de ses sœurs. " Voilà, remarque Mme de Sévigné, une manière de séparation qui fera bien de l'honneur à la sévérité des confesseurs. Il y a des gens qui disent que cette séparation sent le congé ; en vérité, je n'en crois rien. Le temps nous l'apprendra. Voici ce qui est présent : Mme de Montespan est enragée ; elle pleura beaucoup hier ; vous pouvez juger du martyre que souffre son orgueil ; il est encore plus outragé par la haute faveur de Mme de Maintenon. "

De Mlle de Fontanges, Mme de Montespan songe à se débarrasser en se résignant à jeter dans les bras du roi Mme de Nevers, une de ses " morveuses de nièces ". D'ailleurs, la tentative échoue.

Contre Mme de Maintenon, elle ne peut rien. " Sa Majesté va passer très souvent deux heures de l'après-midi dans la chambre de Mme de Maintenon, à causer avec une amitié et un air libre et naturel qui rend cette place la plus souhaitable du monde. (6 avril 1680.) Elle fait connaître au roi un pays nouveau qui lui était inconnu, qui est le commerce de l'amitié et de la conversation sans

contrainte et sans chicane, il en est charmé. "
(1er juillet 1680.)

On sait la brève et malheureuse destinée de Mlle de Fontagnes, sa maladie, sa retraite dans un couvent, sa mort ; mais sa disparition ne pouvait plus servir les intérêts de Mme de Montespan. Par les révélations de la Voisin, Louis XIV connaissait alors tous les crimes que sa maîtresse avait commis ou médités. Par égard pour la mère de ses enfants légitimés et dans la crainte que le scandale n'atteignît la majesté royale, il se refuse à tout éclat. Mais Mme de Maintenon a le champ libre. Les courtisans l'appellent Mme de *Maintenant*. " Elle passe, dit Mme de Sévigné, tous les soirs depuis huit heures jusqu'à dix avec Sa Majesté. M. de Chamarande la mène et la ramène à la face de l'univers. " (18 septembre 1680.)

Je n'insisterai pas sur les lettres de Mme de Sévigné relatives à l'affaire des poisons. " Il n'y a guère, dit-elle, d'exemples d'un pareil scandale dans une cour chrétienne. " Mais, pour elle, le scandale ce n'est pas la longue suite d'empoisonnements et de sacrilèges alors révélés ou soupçonnés, c'est la conduite des juges assez hardis pour mêler les plus grands noms aux turpitudes de quelques misérables. Elle traite l'affaire de "bagatelle", et donne des interrogatoires de la duchesse de Bouillon une certaine version qui se colporte à la cour, mais s'accorde mal avec les procès-verbaux des audiences. Ici, elle n'est que l'écho des opinions de Versailles. Trop de hauts personnages sont compromis pour que la noblesse de cour, — Mme de Sévigné y tient par ses alliances et ses amitiés, — ne cherche pas à dissimuler tant d'abominations. Du rôle de Mme de Montespan elle ne dit rien ; comme le reste du public, elle l'ignore.

De 1681 à 1684, Mme de Grignan est auprès de sa mère: la correspondance s'interrompt ; donc rien à recueillir sur la dernière phase de l'élévation de Mme de Maintenon. Dans une lettre du 27 septembre 1684, cette simple remarque : "La place de Mme de Maintenon est unique dans le monde ; il n'y en a jamais eu, il n'y en aura jamais..." En effet, en janvier 1684, six mois après la mort de la reine Marie-Thérèse, Mme de Maintenon a secrètement épousé Louis XIV. Un nouveau règne va commencer: des influences nouvelles agiront sur l'esprit du roi et sur les affaires de l'État. Les historiens ne pouvaient pas négliger les lettres où Mme de Sévigné s'est divertie à montrer les "dessous de cartes", et à

conter les intrigues de cour qui, de très loin,
préparèrent l'humiliation de l'altière Vasthi, l'avè-
nement de sa rivale et la politique des dernières
années du règne de Louis XIV.

*
* *

Comme tous ses contemporains (Saint-Simon
excepté), Mme de Sévigné a subi les prestiges de
la cour. Elle a éperdument admiré la " royale
beauté " des bâtiments, la splendide ordonnance
des fêtes, la magnifique liturgie qui réglait tous
les rites de la religion de Versailles. Un jour
qu'elle avait assisté à une fête, éblouie, enivrée,
elle écrivait : "Tout est grand, tout est magnifique,
et la musique et la danse sont dans leur perfection... Mais ce qui plaît souverainement, c'est de
vivre quatre heures entières avec le souverain ;
c'est assez pour contenter tout un royaume qui
aime passionnément son maître." Et l'on voit bien
qu'elle-même partage la passion de tout le
royaume. Jeune, il lui a suffi de danser avec le
roi, pour annoncer à son cousin Bussy toutes les
grandeurs du règne qui commençait. Si tout à
l'heure elle nous contait tant de galantes aventures avec une si souriante impassibilité, c'est peut-
être qu'à son avis,

Un partage avec Jupiter
N'a rien du tout qui déshonore.

Quand la foudre tombait sur un de ses plus
chers amis, comme Nicolas Foucquet, ce n'était
pas Jupiter qu'elle accusait, mais quelques
divinités de second rang, coupables de mal
interpréter les volontés du maître des dieux. Elle
se désespérait qu' "on fît entendre les choses de
cette façon-là à un prince qui aimerait la justice et
la vérité, s'il les connaissait." Lorsqu'on persécu-
tait les amis et la famille de Foucquet, elle allait
jusqu'à dire : " Voilà une grande rigueur :
Tantæne animis cælestibus iræ?" (De si grandes
colères entrent-elles dans l'âme des Dieux ?) Mais
aussitôt elle se reprenait, confuse de son audace.
" Mais non, ce n'est point de si haut que cela
vient. De telles vengeances, rudes et basses, ne
sauraient partir d'un cœur comme celui de notre
maître. "
La Fronde l'avait marquée de son empreinte,
comme tous ceux et toutes celles qui, au temps
de leur jeunesse, avaient pris part à cette folle
équipée. Ceux-là gardèrent une liberté d'humeur
qu'on ne retrouve plus dans la génération suivante, liberté qui s'exerça dans les choses de

l'esprit et même de la religion; mais à tous la majesté royale resta sacrée. Mme de Sévigné, ainsi que tous ses contemporains et toutes ses contemporaines, pratiqua l'idôlatrie qui prosternait aux pieds de Louis XIV les plus grands par la naissance ou par le génie.

Si l'on veut voir Mme de Sévigné à la cour et connaître ses sentiments à l'égard du roi, il faut la suivre à cette représentation d'*Esther* dont elle a fait un si charmant tableau.

On a souvent reproché à Mme de Sévigné d'avoir trop peu admiré les tragédies de Racine et l'on a cité à sa honte une lettre de 1672 où elle critique assez vivement *Bajazet* : Racine ne dépassera jamais *Andromaque;* il fait des comédies pour la Champmeslé, ce n'est pas pour les siècles à venir; si jamais il n'est plus jeune et qu'il cesse d'être amoureux, ce ne sera plus la même chose, etc. Et on lui a attribué, d'après Voltaire, ce mot qu'elle n'a jamais écrit : Racine passera comme le café.

Il ne faudrait pourtant pas oublier : 1° qu'en 1672, tout éloge donné à Racine offensait mortellement le vieux Corneille, et que pour Mme de Sévigné, Corneille, c'était sa jeunesse, son enthousiaste jeunesse; 2° que Racine était l'amant de la Champmeslé, "cette petite comédienne" chez qui, l'année précédente, Charles de Sévigné se livrait à toutes les *diableries* et payait les soupers ; 3° que, depuis six ans, Racine s'était brouillé avec Port-Royal, après avoir répondu par des injures et des sarcasmes aux remontrances de Nicole, — Port-Royal où elle comptait tant de bonnes amitiés, Nicole qu'elle admirait au point qu'elle en voulait " faire du bouillon pour l'avaler " !

De ces trois raisons une seule suffirait à expliquer l'erreur de Mme de Sévigné. D'ailleurs, avant de la condamner, jurez que pour juger les ouvrages de vos contemporains, vous n'avez jamais suivi vos sympathies ou vos antipathies, jamais subordonné votre goût à votre sentiment.

En 1689, c'est-à-dire dix-sept années plus tard, *Esther* est représentée à Saint-Cyr par les petites filles de Mme de Maintenon : Corneille est mort il y a cinq ans ; Racine est réconcilié avec Nicole depuis douze ans ; quant à Charles de Sévigné, marié en Bretagne, il est depuis longtemps à l'abri des *diableries* de la "petite comédienne". Les vieilles préventions sont donc effacées. Et comment Mme de Sévigné ne serait-elle pas prête à admirer *Esther* ? Ceux qui ont vu les premières représentations lui mandent de Versailles que le roi a trouvé *Esther* admirable, que "M. le prince y a pleuré", que "Racine n'a rien fait de plus beau ni de plus touchant", que "Mme de Caylus fait mieux que la Champmeslé". Enfin, elle est dans les meilleures dispositions pour souscrire à toutes les opinions de la cour : les Grignan sont en faveur, et, le mois passé, le comte a reçu le cordon du Saint-Esprit.

Elle est invitée à la sixième représentation et se rend à Saint-Cyr avec Mme de Coulanges, Mme de Bagnols et l'abbé Têtu.

Nous trouvâmes nos places gardées. Un officier dit à Mme de Coulanges que Mme de Maintenon lui faisait garder un siège auprès d'elle ; vous voyez quel honneur ! "Pour vous, Madame, me dit-il, vous pouvez choisir." Je me mis avec Mme de Bagnols au second banc derrière les duchesses. Le maréchal de Bellefonds vint se mettre, par choix, à mon côté droit, et devant c'étaient Mmes d'Auvergne, de Coislin, de Sully. Nous écoutâmes le maréchal et moi, cette tragédie avec une attention qui fut remarquée, et de certaines louanges sourdes et bien placées, qui n'étaient peut-être pas sous les fontanges de toutes les dames. Je ne puis vous dire l'excès de l'agrément de cette pièce ; c'est une chose qui n'est pas aisée à représenter, et qui ne sera jamais imitée ; c'est un rapport de la musique, des vers, des chants, des personnes, si parfait et si complet qu'on n'y souhaite rien ; les filles qui font des rois et des personnages sont faites exprès ; on est attentif, et on n'a point d'autre peine que celle de voir finir une si aimable pièce ; tout y est simple, tout y est innocent ; tout y est sublime et touchant ; cette fidélité de l'histoire sainte donne du respect ; tous les chants convenables aux paroles, qui sont tirés des *psaumes* ou de la *Sagesse* et mis dans le sujet, sont d'une beauté qui ne se soutient pas sans larmes ; la mesure de l'approbation qu'on donne à cette pièce, c'est celle du goût et de l'attention.

Il est indifférent à la gloire de Racine que Mme de Sévigné n'ait pas compris *Bajazet*. Mais quel service elle a rendu au poète en exprimant d'une manière si délicate la particulière beauté d'*Esther*, ce " rapport de la musique, des vers, des chants et des personnes " ! Cette beauté, nous ne pouvons plus, aujourd'hui, nous la figurer que par un jeu d'imagination. A la rigueur, il est possible de rendre à *Esther* un peu de son charme primitif en lui restituant l'accompagnement de la musique de Moreau, si touchante, si vraiment racinienne. Mais le reste, la grâce singulière de ce spectacle, divertissement de cour et de pensionnat, où pour amuser Louis XIV, les petites filles de sa noblesse récitaient les vers harmonieux et édifiants de l'auteur de *Phèdre*, il n'y a plus que la lettre de Mme de Sévigné pour nous le faire soupçonner.

La marquise continue :

J'en fus charmée, et le maréchal aussi qui sortit de sa place, pour aller dire au Roi combien il était content, et qu'il était auprès d'une dame qui était bien digne d'avoir vu *Esther*. Le Roi vint vers nos places, et, après avoir tourné, il s'adressa à moi, et me dit : " Madame, je suis assuré que vous avez été contente. " Moi, sans m'étonner, je répondis : " Sire, je suis charmée ; ce que je sens est au-dessus de mes paroles. " Le roi me dit : " Racine a bien de l'esprit. " Je lui dis : " Sire, il en a beaucoup ; mais en vérité ces jeunes personnes en ont beaucoup aussi : elles entrent dans le sujet comme si elles n'avaient jamais fait autre chose. " Il me dit : " Ah ! pour cela, il est vrai. " Et puis Sa Majesté s'en alla, et me laissa l'objet de l'envie ; comme il n'y avait quasi que moi de nouvelle venue, il eut quelque plaisir de voir mes sincères admirations sans bruit et sans éclat. M. le Prince, Mme la Princesse me vinrent dire un mot ; Mme de Maintenon un éclair ; elle s'en allait avec le roi ; je répondis à tout, car j'étais en fortune. Nous revînmes le soir aux flambeaux. Je soupai chez Mme de Coulanges, à qui le Roi avait parlé aussi avec un air d'être chez lui, qui lui donnait une douceur trop aimable. Je vis le soir M. le chevalier (le chevalier de Grignan) ; je lui contai tout naïvement mes petites prospérités, ne voulant point les cachoter sans savoir pourquoi, comme de certaines personnes ; il en fut content, et voilà qui est fait ; je suis assuré qu'il ne m'a point trouvé, dans la suite, ni une sotte vanité, ni un transport de bourgeoise ; demandez lui. (21 février 1689.)

Toutes les peintures que l'on a faites et que l'on fera de la cour de Louis XIV ne vaudront

jamais ces quelques lignes. Tout y est : les
visages, les gestes, les enfantillages, le jeu des
compliments, la joie d'être "en fortune", en un
mot l'air de la cour, de cette cour dont La
Fontaine disait :

Je définis la cour, un pays où les gens,
Tristes, gais, prêts à tout, à tout indifférents,
Sont ce qu'il plaît au prince, ou, s'ils ne peuvent l'être,
    Tâchent au moins de le paraître.
Peuple caméléon, peuple singe du maître ;
On dirait qu'un esprit anime mille corps ;
C'est bien là que les gens sont de simples ressorts.

* * *

Les moralistes ont souvent cité des vers de
La Fontaine pour flétrir la "servilité" des courtisans de Louis XIV. Et sans doute, il n'avait rien
de sublime, le spectacle de la cour de France :
l'agenouillement de la noblesse et la déification du
roi. Tout de même ne rions pas trop des "petites
prospérités" de Mme de Sévigné ; ne soyons pas
trop sévères pour le "peuple caméléon". En ce
temps-là le monarque était l'unique dispensateur
de tous les bénéfices, de tous les emplois, de
toutes les grâces, de toutes les faveurs. Ce que
chacun cherchait laborieusement à Versailles,

c'était son gagne-pain. " La vie de cour, dit
La Bruyère, est un jeu sérieux, mélancolique et
qui applique. " La toute-puissance, jadis aux
mains d'un seul, est maintenant divisée, éparpillée;
mais quiconque a, dans l'Etat, recueilli une part
de l'héritage de Louis XIV, est resté investi d'une
part de la royale divinité... Et il faut toujours
gagner son pain. Il y a toujours des abbayes, des
croix, des cordons, des sinécures qui sont le prix
de la faveur ; et il y a toujours des hommes qui
briguent, quémandent, flagornent et qui

Sont ce qu'il plaît au prince, où, s'ils ne peuvent l'être,
    Tâchent au moins de le paraître.

Ce n'était pas seulement la personne du roi qui
fascinait Mme de Sévigné et son siècle, c'était aussi
le prodigieux décor dans lequel se déroulaient les
pompes de la monarchie : les architectures, les
jardins, les bosquets et les fontaines de Versailles.
Comment les imaginations n'auraient-elles pas été
frappées de ces magnificences que rehaussaient
alors le faste des vêtements et des parures, l'éclat
des fêtes, l'allégresse des danses et des musiques,
alors qu'aujourd'hui, après plus de deux siècles,
nous ne pouvons parcourir les galeries désertes
de Versailles, errer parmi les charmilles à demi

détruites et les marbres délabrés, sans un élan de reconnaissance pour le roi à qui nous devons ce chef-d'œuvre d'ordre et de majesté ? En 1787, quand Chateaubriand vint à Versailles pour la première fois : " On n'a rien vu, dit-il, quand on n'a pas vu la pompe de Versailles, même après le le licenciement de l'ancienne maison du roi, Louis XIV était toujours là. " Il y est toujours, malgré les révolutions qui ont chassé la monarchie, vidé les appartements et sept fois changé les institutions de la France.

Devant tant de beautés, de souvenirs et de gloires, il serait cruel de s'indigner contre ceux, qui, autrefois, célébrèrent à Versailles le culte du roi. Et grâce soit rendue à Mme de Sévigné qui nous a laissé la chronique du temple maintenant désaffecté !

SCÈNES DE LA VIE
DE PROVINCE

Les comédies de Molière, les *Satires* de Boileau, les *Caractères* de La Bruyère, les sermons de Bourdaloue, ne sont pas seulement des chefs-d'œuvre de la langue française. Ce sont encore d'inappréciables documents pour les historiens. Les mémoires, les gazettes, les relations des grands procès, les archives de la police peuvent amuser la curiosité des chercheurs ; ils n'ajoutent que peu de chose au tableau moral du dix-septième siècle tracé par les grands écrivains. Mais ceux-ci n'ont peint que Paris et la cour ; rien ou presque rien, chez eux, touchant la province. Mettons à part, si l'on veut, les *Grands jours d'Auvergne* de Fléchier, le *Roman comique* de Scarron et deux ouvrages de Molière : *George Dandin* et *la Comtesse d'Escarbagnas*. Encore trouve-t-on trop d'élégance et d'ironie chez Fléchier, trop de burlesque chez Scarron ; et, pour les deux farces de Molière, les personnages y sont dessinés avec une outrance trop cruelle : on y devine les rancunes de l'auteur contre cette province où, pendant sa jeunesse, il fut condamné au dur métier de comédien ambulant.

Heureusement, nous possédons les lettres de Mme de Sévigné : sans elles, nous en serions réduits aux correspondances administratives. Elles offrent, de simples esquisses et ne concernent que la Provence et la Bretagne. Mais ici, comme ailleurs, Mme de Sévigné est un bon témoin, impartial et sûr. Cette Parisienne n'a ni dédains ni préjugés : quand elle a passé la barrière de la capitale, elle ne s'imagine pas qu'elle s'aventure dans des îles inconnues, parmi des peuplades sauvages. Ce même regard curieux et amusé dont elle suit les " mouvements de la cour ", elle les promène sur ses voisins de campagne et sur les hôtes de Grignan. Tout l'intéresse : les originaux qu'elle rencontre et les paysages qu'elle découvre. Elle observe sans indignation, sans surprise, ce que les mœurs provinciales ont de fruste et de suranné, car elles retardent toujours sur celles de Paris ; nous le voyons encore aujourd'hui que la commodité des voyages et la diffusion des journaux effacent la diversité des goûts et des coutumes : qu'était-ce au dix-septième siècle où les gens et les nouvelles cheminaient si lentement ? Enfin, Mme de Sévigné est mieux que personne en état de décrire les terribles embarras où se débattait alors la noblesse de province : le drame se joue dans sa famille, elle y est mêlée.

* *
*

En Bretagne, elle est chez elle. Henri de Sévigné appartenait à la meilleure et à la plus ancienne noblesse de la province. Il avait laissé à sa veuve et à ses enfants des terres en Basse et en Haute-Bretagne. Parmi ces propriétés se trouvait le château des Rochers, près de Vitré.

Mme de Sévigné a souvent résidé aux Rochers avec son mari, puis avec sa fille, puis seule ou avec son fils. On a calculé, d'après sa correspondance, que, de 1671 à 1690, ses divers passages en Bretagne équivalent à un séjour de six années environ ; il ne s'agit donc pas d'une simple villégiature. Ses intérêts et ceux de ses enfants l'occupent en Bretagne, et, à mesure qu'elle avance dans la vie, de nouveaux souvenirs l'attachent davantage aux horizons et aux bois des Rochers.

Au début de ces causeries, je vous ai montré une image de l'élégant manoir, avec ses tours et ses tourelles inégales coiffées d'ardoises. Une vaste esplanade le précède : la place *Madame*, " comme un grand belvédère d'où la campagne s'étend à

trois lieues d'ici à une forêt de M. de **La Trémoïlle** ". Elle est charmante, cette campagne toute
boisée où pointe un clocher et dont les derniers
moutonnements se perdent dans un azur toujours
un peu voilé. Ces environs de Vitré, avec leurs
châtaigneraies, leurs petits étangs, leurs champs
enclos de vieux chênes tordus, montrent une
douceur presque angevine. " Ce n'est point la
Bretagne, disait Mme de Sévigné, c'est l'Anjou,
c'est le Maine à deux lieues d'ici ", et elle disait
bien.

Une grille sépare la place *Madame* des jardins
que, du côté de la plaine, soutient un mur d'appui,
" pour la belle vue ". Les parterres et les allées
sont " tout à fait dans le dessin de M. **Le Nôtre** ".
Du temps de la marquise, des orangers en caisse
ornaient les allées.

Une nouvelle esplanade en hémicycle termine
les parterres : la place *Coulanges,* où l'on entend un
écho " qui est un petit rediseur de mots jusque
dans l'oreille ".

Au delà commence le parc ou " bois de déco-
ration " : Mme de Sévigné y a tracé de grandes
avenues qu'elle a nommées : la *Solitaire,* l'*Infinie,*
la *Royale,* l'*Humeur de ma mère,* l'*Humeur de ma
fille,* etc... Des arbres des Rochers elle goûte, en

toute saison, la changeante beauté. En automne, elle admire la persistance de leur verdure : " Le vert en est cent fois plus beau que celui de Livry. Je ne sais si c'est la qualité des arbres ou la fraîcheur des pluies ; il n'y a pas de comparaison ; tout est aujourd'hui du même vert du mois de mai. Les feuilles qui tombent sont feuille-morte ; mais celles qui tiennent sont encore vertes ; vous n'avez jamais observé cette beauté. " Elle les aime aussi en hiver, dépouillés de leur frondaison : " Ces bois sont présentement tout pénétrés de soleil, quand il en fait ; un terrain sec et une place *Madame* où le midi est à plomb, et un bout d'une grande allée où le couchant fait des merveilles... "

C'est dans cette belle maison et ce beau parc que Mme de Sévigné mène sa vie de provinciale, " vie toute médiocre, toute simple et toute solitaire ", mais d'où mille occupations chassent l'ennui. D'abord, des lectures profanes ou sacrées, divertissantes ou édifiantes : je vous ai déja dit la quantité et la diversité des livres qu'elle dévorait. D'interminables conférences avec le jardinier Pilois, son " favori ", dont elle préfère la conversation à " celle de plusieurs qui ont conservé le titre de chevaliers au Parlement de Rennes ". Puis, chaque jour elle se promène longuement dans ses bois pour y surveiller les ouvriers qui plantent de nouvelles allées, défrichent de nouvelles places, construisent un labyrinthe, élèvent de petits abris contre la pluie et peignent sur les arbres des devises de sa composition ou bien des vers de Guarini. " Ce matin, je me suis mise dans la rosée jusqu'à mi-jambe pour faire des alignements. " Un autre jour : " Je m'amuse à faire abattre de grands arbres ; le tracas que cela fait représente au naturel des tapisseries où l'on peint les ouvrages de l'hiver: des arbres qu'on abat, des gens qui scient, d'autres qui font des bûches, d'autres qui chargent une charrette, et moi au milieu, voilà le tableau. " Il est d'un bien joli peintre ; ce serait du pur La Fontaine, s'il n'y manquait la divine cadence du vers.

Il lui faut aussi, — avec le secours du *bien bon*, — régler ses comptes de propriétaire, recevoir les fermiers qui viennent payer ou ne pas payer leurs fermages :

Il me vint voir, l'autre jour, une belle petite fermière de Bodégat [c'est une de ses terres de Basse-Bretagne], avec de beaux yeux brillants, une belle taille, une robe de drap d'Hollande découpé sur du tabis, les manches tailladées : ah ! Seigneur ! quand je la vis, je me crus bien ruinée ; elle me doit huit mille francs. Tout cela s'accommodera. Vous voulez savoir mes affaires ? M. de Grignan aurait été amoureux de cette femme : elle est sur le moule de celle qu'il a vue à Paris. Ce matin, il est entré un paysan avec des sacs de tous côtés ; il en avait sous ses bras, dans ses poches, dans ses chausses... Le bon abbé, qui va droit au fait, crut que nous étions riches à jamais : "Hélas ! mon ami, vous voilà bien chargé ; combien apportez-vous ? — Monsieur, dit-il en respirant à peine, je crois qu'il y a bien ici trente francs." C'étaient ma bonne, tous les doubles de France qui se sont réfugiés dans cette province avec les chapeaux pointus, et qui abusent ici de notre patience. (15 juin 1680.)

Quelquefois des bateleurs ou des "bohèmes" (des bohémiens) passent sur la route, s'arrêtent à la porte des Rochers et demandent la permission de montrer leurs talents à la dame du château. On fait entrer une de ces troupes de "bohèmes". Une jeune fille danse un menuet avec une telle perfection que Mme de Sévigné, se rappelant les menuets jadis dansés à la Cour par sa fille, se prend d'amitié pour la petite danseuse. Celle-ci la prie d'écrire en Provence pour son grand-père : "Et où est-il votre grand-père ? — *Il est à Marseille*, d'un ton très doux, comme si elle disait : *il est à Vincennes.*" Et Mme de Sévigné s'empresse d'écrire à Vivonne, général des galères, pour qu'on relâche un peu les fers de ce brave, capitaine " bohème " dont la petite-fille danse si bien qu'on n'a jamais vu personne danser comme elle, hormis Mlle de Sévigné.

Enfin, ce sont les visites des voisins. Parmi eux, quelques fâcheux. Avec ceux-là, elle se ménage " les délices d'un adieu charmant ", et quelle joie quand elle voit s'éloigner la " chienne de carrossée " qui est venue interrompre sa promenade ou sa lecture ! Mais elle connaît aussi quelques originaux propres à égayer sa solitude par leurs lubies et leurs excentricités. Les originaux pullulaient en province. (A dire vrai, quand on lit Saint-Simon, Tallemant et Mme de Sévigné elle-même, on s'aperçoit qu'il n'en manquait pas à Paris.) On composerait toute une galerie de ceux qui passent aux Rochers. Choisissons.

Voici le marquis de Pomenars, un délicieux gredin auquel il eut fallu souhaiter deux têtes : " jamais la sienne n'ira jusqu'au bout. " Il réjouirait la tristesse même, bien qu'il soit en constante affaire avec la justice du roi. Un jour qu'il arriva à Laval et trouva une grande assemblée de peuple, " il demanda ce que c'était. C'est, lui dit-on, qu'on pend en effigie un gentilhomme qui avait enlevé la fille de M. le Comte de Créance.

" Cet homme là, sire, c'était lui-même.

Il approcha, trouva que le peintre l'avait mal habillé ; il s'en plaignit ; il alla souper et coucher chez le juge qui l'avait condamné. Le lendemain, il vint ici pâmant de rire : il en partit cependant de grand matin... " Pomenars fabrique aussi de la fausse monnaie. Il échappe tout de même à la potence, et meurt de la pierre, confessé par Bourdaloue. " Ah ! c'était une belle confession que celle-là! Il y fut quatre heures. "

Tout près des Rochers, le château d'Argentré est enfoui au milieu des halliers et des futaies d'un grand parc mystérieux qu'on prendrait pour le domaine de la Belle au Bois dormant. Là demeuraient les du Plessis d'Argentré. Le père et le fils, qui avaient de l'esprit, plaisaient à Mme de Sévigné, mais de toute la famille, c'était la fille, la " divine du Plessis ", qu'on voyait le plus souvent aux Rochers. Cette créature, laide et bigle, défigurée par toutes sortes d'infirmités, minaudière et jalouse, importune et indiscrète, donnait la comédie à toute la compagnie. Elle jouait "la dévote, la capable, la peureuse, la petite poitrine, la meilleure fille du monde"; elle prenait des airs de tartufe pour avouer ses péchés, contait à tout venant ses remèdes et ses lavements, se mêlait " d'être sentencieuse et de faire la personne de bon sens", imaginait des fables absurdes dont elle ne voulait plus démordre. On la mystifiait, on la bernait; tout le monde, jusqu'aux domestiques, s'amusait de sa crédulité. Railleries et bourrades, elle acceptait tout en souriant, contrefaisant un jour Mme de Sévigné et le lendemain Mme de Grignan. " Son goût pour moi me déshonore, disait Mme de Sévigné ; je lui dis des rudesses abominables. " Elle n'en convenait pas moins que cette personne horripilante avait les meilleurs sentiments du monde : "J'admire que cela puisse être gâté par l'impertinence de son esprit et la ridiculité de ses manières. "

Aux portes de Vitré, sur le chemin qui conduisait aux Rochers, s'élevait le *Château-Madame.* Une partie du parc forme aujourd'hui le jardin public de Vitré. (En 1911, on y a placé une statue de Mme de Sévigné.) Ce *Château-Madame* était habité par la duchesse de la Trémoïlle, princesse de Tarente. Mme de Sévigné et la " bonne Tarente " voisinaient souvent. Mme de Sévigné tirait vanité de sa glorieuse intimité avec une " Altesse " ; de pareilles relations la faisaient, disait-elle, honorer de ses paysans ; en effet, la duchesse de Trémoïlle, tante de Mme la Palatine, était alliée à toutes les couronnes de l'Europe.

D'origine allemande, elle n'avait jamais voulu
abjurer le protestantisme ; aussi la voyait-on
rarement à la Cour ; elle s'était confinée en
Bretagne. Cette bonne huguenote allait régulièrement au prêche; mais "son cœur était de cire ",
et elle avait été contente de trouver en Mme de
Sévigné une aimable confidente à qui faire le récit
de ses romanesques infortunes. Ayant reçu d'elle
un petit chien qui s'appelait *Fidèle*, Mme de Sévigné
écrivait à Mme de Grignan : " C'est un nom que
les amants de la princesse n'ont jamais mérité de
porter; ils ont été pourtant d'un assez bel air ; je
vous conterai quelque jour ses aventures..." Elle
n'a pas tenu sa promesse, du moins dans ses
lettres; mais elle a souvent plaisanté, avec sa fille,
les ridicules tudesques de la "bonne Tarente", sa
grande " écriture de cérémonie où les L et les D
s'ornaient de lacs d'amour ", sa manie de soigner
les gens à la manière du *Médecin malgré lui*.
Voulez-vous connaître la conversation des deux
voisines ?

J'ai vu la princesse qui parle de vous, qui comprend
ma douleur, qui vous aime, qui m'aime et qui prend tous
les jours douze tasses de thé ; elle le fait infuser comme
nous, et remet encore dans la tasse plus de la moitié
d'eau bouillante : elle pensa me faire vomir. Cela, dit-elle,

la guérit de tous ses maux ; elle m'assure que M. le Landgrave en prenait quarante tasses tous les matins. " Mais, madame, ce n'est peut-être que trente. — Non, c'est quarante ; il était mourant ; cela le ressuscite à vue d'œil. " Enfin, il faut avaler tout cela. Je lui dis que je me réjouissais de la santé de l'Europe, la voyant sans deuil ; elle me répondit qu'elle se portait bien, comme je pouvais le voir par son habit ; mais qu'elle craignait d'être bientôt obligée de prendre le deuil pour sa sœur l'Électrice [la femme de l'Électeur palatin] ; enfin, je sais parfaitement les affaires d'Allemagne. Elle est bonne et très aimable parmi tout cela.

*
* *

Mme de Sévigné ne nous a pas seulement donné une amusante peinture de la vie de château. Avec elle, nous assistons aussi aux événements qui intéressent la province.

Tous les deux ans, les trois ordres se réunissaient pour régler les dépenses de la province, les dons, les allocations, recevoir les communications de la couronne, rédiger un cahier que des députés devaient porter au roi. Ces États s'assemblaient tantôt dans une ville, tantôt dans une autre, souvent à Vitré.

Mme de Sévigné possédait une grande maison dite la Tour de Vitré. Cette maison a disparu. Mais, malgré les démolisseurs qui ont jeté bas ses remparts et les architectes qui ont rebâti son château, la petite ville de Vitré, avec ses porches, ses balcons, ses pignons vêtus d'ardoises, ses logis de la Renaissance et ses rues raboteuses, n'a guère changé d'aspect, depuis le temps où Mme de Sévigné s'y rendait pour assister à l'ouverture des États de Bretagne. Elle y venait d'autant plus volontiers que les réjouissances qui accompagnaient la tenue des États étaient données par ses bons amis, le duc de Chaulnes, gouverneur de la province, et la duchesse de Chaulnes.

Cette fois encore, je lui passe la parole :

M. de Chaulnes arriva dimanche au soir, au bruit de tout ce qu'on en peut faire à Vitré. Le lundi matin, il m'écrivit une lettre et me l'envoya par un gentilhomme. J'y fis réponse par aller dîner avec lui. On mangea à deux tables dans le même lieu ; il y a quatorze couverts à chaque table. Monsieur en tient une, Madame l'autre : cela fait une assez grande mangerie. La bonne chère est excessive ; on remporte les plats de rôti, comme si on n'y avait pas touché ; mais pour les pyramides du fruit, il faut faire hausser les portes ; cette pyramide avec vingt porcelaines fut si parfaitement renversée à la porte, que le bruit en fit taire les violons, les hautbois, les trompettes. Après le dîner, MM. de Locmaria et de Coëtlogon, avec deux Bretonnes, dansèrent des passe-pieds merveilleux et des menuets, d'un air que nos bons danseurs n'ont pas, à beaucoup près : ils y font des pas de Bohémiens et de bas-

Bretons avec une délicatesse et une justesse qui char-
ment... Je suis assurée que vous auriez été ravie de voir
danser Locmaria, les violons et les passe-pieds de la Cour
font mal au cœur au prix de ceux-là ; c'est quelque chose
d'extraordinaire : ils font cent pas différents, mais toujours
cette cadence courte et juste ; je n'ai point vu d'homme
danser comme lui cette sorte de danse. Après ce petit bal,
on vit entrer tous ceux qui arrivaient en foule pour
ouvrir les États. Le lendemain, M. le président, MM. les
procureurs et avocats généraux du Parlement, huit évêques,
MM. de Molac, La Coste et Coëtlogon le père, M. Bou-
cherat qui vient de Paris, cinquante bas-Bretons dorés
jusqu'aux yeux, cent communautés... Je n'avais jamais vu
les États : c'est une assez belle chose. Je ne crois pas qu'il
y en ait qui aient un plus grand air que ceux-ci. Cette
province est pleine de noblesse : il n'y en a pas un à la
guerre, ni à la Cour... Les états ne doivent pas être
longs : il n'y a qu'à demander ce que veut le roi ; on ne
dit pas un mot : voilà qui est fait. Pour le gouverneur, il y
trouve, je ne sais comment, plus de quarante mille écus
qui lui reviennent. Une infinité d'autres présents, des pen-
sions, des réparations des chemins et des villes, quinze ou
vingt grandes tables, un jeu continuel, des bals éternels,
des comédies trois fois la semaine, une grande braverie :
voilà les États. J'oublie quatre cents pièces de vins qu'on
y boit ; mais si j'oubliais ce petit article, les autres ne
l'oublieront pas, et c'est le premier. (5 août 1671.)

Trois ans plus tard, elle eut sous les yeux un
spectacle beaucoup moins réjouissant que celui des
fêtes de Vitré : la répression de la révolte de 1675.

Des édits particulièrement odieux aux Bretons sur le timbre, la marque de la vaisselle d'étain et le monopole du tabac avaient été abrogés en 1673 et, en témoignage de reconnaissance, les États avaient fait au roi un don de 2.600.000 livres ; mais, l'année suivante, les taxes furent rétablies, et, au printemps de 1675, des troubles éclatèrent dans plusieurs villes de Bretagne. A Rennes, le duc de Chaulnes, ayant voulu "dissiper le peuple ", fut accueilli, à coups de pierre.

Mme de Sévigné se trouve alors à Paris, sur le point de partir pour les Rochers. Elle paraît d'abord attacher peu d'importance à ces désordres ; mais la sédition se propage dans les campagnes ; des bandes s'organisent, pillent et brûlent des châteaux, pendent des gentilshommes : c'est la Jacquerie. Mme de Sévigné commence de s'inquiéter : " Ces démons, écrit-elle, sont venus piller et brûler jusqu'auprès de Fougères : c'est trop près des Rochers. " Cependant arrivent bientôt des nouvelles plus rassurantes : soutenus par les troupes que Louvois a expédiées en Basse-Bretagne, les gentilshommes ont étouffé la révolte. Elle se décide à partir. Au mois de septembre, la voici en Bretagne. Les troubles sont apaisés ; on procède maintenant au châtiment des rebelles.

On a souvent accusé Mme de Sévigné d'avoir parlé avec trop de détachement des représailles et des pendaisons dont la Bretagne fut alors le théâtre.

Notons d'abord qu'elle écrit à sa fille dont le mari gouverne la Provence, et qu'elle-même est l'amie des principaux fonctionnaires qui représentent en Bretagne l'autorité du roi : M. d'Harrouys, trésorier des États, qui la reçoit dans son château de la Silleraye, près de Nantes ; M. de Lavardin, lieutenant général aux huit évêchés de Bretagne, qui lui donne l'hospitalité à Malicorne, près du Mans ; enfin le duc de Chaulnes, gouverneur de la Bretagne, qui, en toute occasion, lui témoigne l'affection la plus vive, et qui a été le premier à subir les injures et les violences des émeutiers.

A peine arrivée en Bretagne, elle écrit : " Nos pauvres bas-Bretons, à ce qu'on nous vient d'apprendre, s'attroupent quarante, cinquante par les champs ; et dès qu'ils voient les soldats, ils se jettent à genoux et disent *meâ culpâ :* c'est le seul mot de français qu'ils sachent ; comme nos Français qui disaient qu'en Allemagne on ne disait pas un mot de latin à la messe que *Kyrie eleison.* On ne laisse pas de pendre ces pauvres bas-Bretons ; ils demandent à boire et du tabac, et *de Caron pas un mot.* " Cette dernière expression, tirée d'un dialogue de Lucien, signifie que ces bas-Bretons n'ont aucun souci de la vie future.

Quelques jours plus tard, elle apprend que M. de Chaulnes amène quatre mille hommes pour punir la ville de Rennes. " L'émotion y est grande, dit-elle, et la haine incroyable dans toute la province contre le gouverneur... On croit qu'il y aura de la penderie. M. de Chaulnes a été reçu comme un roi, mais, comme c'est la crainte qui fait changer leur langage, M. de Chaulnes n'oublie pas toutes les injures qu'on lui a dites, dont la plus douce et la plus familière était *gros cochon*, sans compter les pierres dans sa maison et dans son jardin, et les menaces dont il paraît que Dieu seul empêchait l'exécution : c'est cela qu'on va punir. "

Elle prend le parti de ses amis, mais elle songe aussi à " la désolation et à la tristesse de toute la province ". Le Parlement a été transféré de Rennes à Vannes. Un magistrat, parent de Mme de Sévigné, M. de Montmoron, s'est réfugié aux Rochers " pour ne pas entendre les pleurs et les cris de Rennes en voyant sortir son cher Parlement ". Elle ajoute : " Me voilà bien Bretonne, comme vous voyez ; mais vous comprenez bien que cela tient à l'air qu'on respire, et aussi à quelque chose

de plus ; car, de l'un à l'autre, toute la province
est affligée. " Peu à peu, sa sensibilité s'éveille à
la vue de tant de braves gens consternés ; la présence de tous les soldats qui occupent la province
et doivent y passer l'hiver, l'inquiète ; les persécutions que subissent les habitants de Rennes l'émeu-
vent. Nous sentons que, sans la désapprouver, elle
trouve la répression trop dure.

On a fait une taxe de cent mille écus sur les bourgeois ; et, si on ne les trouve dans les vingt-quatre
heures, elle sera doublée et exigible par les soldats. On
a chassé et banni toute une grande rue, et défendu de
les recueillir sur peine de la vie, de sorte qu'on voyait
tous ces misérables, vieillards, femmes accouchées,
enfants errer en pleurs au sortir de cette ville, sans
avoir de nourriture ni de quoi coucher. On roua hier
un violon qui avait commencé la danse et la pillerie
du papier timbré : il a été écartelé après sa mort, et
ses quatres quartiers exposés aux quatre coins de la
ville... Il dit en mourant que c'étaient les fermiers du
papier timbré qui lui avaient donné vingt-cinq écus
pour commencer la sédition, et jamais on n'en a pu tirer
autre chose. On a pris soixante bourgeois ; on commence
demain à pendre. Cette province est un bel exemple
pour les autres et surtout de respecter les gouverneurs
et les gouvernantes, de ne leur point dire d'injures et
de ne point jeter de pierres dans leurs jardins.

Dans ces lignes, il y a déjà un peu d'attendrissement et un peu d'ironie. Bientôt, elle écrit à sa fille : " Les punitions et les taxes ont été cruelles; il y aurait des histoires tragiques à vous conter d'ici à demain..." Enfin, avec une ironie qui, cette fois, n'est plus voilée, elle dit : " Vous me parlez bien plaisamment de nos misères; nous ne sommes plus si roués ; un en huit jours seulement pour entretenir la justice. Il est vrai que maintenant la penderie me paraît un rafraîchissement ; j'ai une toute autre idée de la justice depuis que je suis dans ce pays ; vos galériens me paraissent une société d'honnêtes gens qui se sont retirés du monde pour mener une vie douce. Nous en avons bien envoyé par centaines ; ceux qui sont demeurés sont plus malheureux que ceux-là. "

Est-ce là de l'insensibilité ?

Sans doute, Mme de Sévigné n'invoque ni les lois divines, ni les droits de l'homme contre les exécuteurs des volontés du roi. D'abord, ces exécuteurs, nous l'avons vu, sont ses plus chers amis. Puis n'oublions pas que la révolte de la Bretagne se doublait d'une véritable trahison : des émissaires bretons s'étaient rendus en Hollande auprès du prince d'Orange; une flotte hollandaise croisait dans la Manche, attendant que les rebelles lui ouvrissent le port de Morlaix. Or, Mme de Sévigné a un jour exprimé l'horreur que lui inspiraient "tous les infidèles à leur roi".

Ces Bretons, Mme de Sévigné les a toujours aimés... et compris. Elle a souvent fait allusion à leur ivrognerie, mais pour que ce reproche fût injuste, il faudrait que les Bretons d'alors eussent été bien différents de ceux de maintenant. Elle s'est moquée de la sonorité baroque de leurs noms, elle s'est amusée de Mlle de Croque-Oison et de Mlle de Kerborgne : raillerie bien innocente. Elle a plaisanté la gaucherie des recrues bretonnes, mais elle a remarqué aussi "que ce sont les commencements qui sont un peu ridicules" ; ces excellents danseurs devaient faire d'agiles soldats. "Le régiment de Kerman est fort beau : ce sont tous les bas-Bretons grands et bien faits au-dessus des autres, qui n'entendent pas un mot de français, si ce n'est quand on leur fait faire l'exercice, qu'ils font d'aussi bonne grâce que s'ils dansaient des passe-pieds: c'est un plaisir que de les voir." Elle fut surtout sensible aux nobles et généreuses qualités de la race: "J'aime nos Bretons ; ils sentent un peu le vin ; mais votre fleur d'oranger ne cache pas d'aussi bons cœurs." Et, pour finir, ce trait admirable : "Vous ririez de voir comme

tous les vices et toutes les vertus sont jetés pêle-
mêle dans le fond de ces provinces, car je trouve
des âmes de paysans, plus droites que des lignes,
aimant la vertu, comme naturellement les chevaux
trottent."

*Des âmes des paysans plus droites que des lignes,
aimant la vertu comme naturellement les chevaux
trottent :* voilà une de ces brusques et familières
images, comme on en trouve tant chez Mme de
Sévigné. Quelle médaille incomparable ! le métal
est sans alliage, la frappe sans défaut : c'est le
génie même de notre langue.

*
* *

A Grignan, bien qu'elle fût heureuse d'être
réunie à sa fille et fière des hommages que "la
reine de Provence" recevait sous ses yeux,
Mme de Sévigné s'accoutumait malaisément aux
mœurs, au climat et au paysage. "Que vous êtes
excessifs en Provence ; tout est extrême, vos
chaleurs, vos sereins, vos brises, vos pluies hors
de saison, vos tonnerres en automne : il n'y a rien
de doux ni de tempéré." Au site de Grignan,
grandiose mais desséché par les rafales de la bise

(nous disons le mistral), elle préférait les délicates ondulations et les riantes couleurs de l'Ile-de-France, l'air "doux et gracieux", la fraîcheur, la tranquillité, le silence de Livry; aux cyprès et aux arbrisseaux rabougris de la campagne provençale, les bois touffus des Rochers qui convenaient si bien à la rêverie ; à "ce diantre de Rhône, si fier, si orgueilleux, si turbulent", cette "belle Seine dont les bords sont ornés de maisons, d'arbres, de petits saules, de petits canaux qu'on fait sortir de cette grande rivière...".

Elle n'est pas insensible à la joie dont tout resplendit, sous le ciel de Provence, par un beau jour d'hiver. La voici à Marseille, dont elle fait cette éblouissante peinture : "Je suis charmée de la beauté singulière de cette ville. Hier, le temps fut divin, et l'endroit d'où je découvris la mer, les bastides, les montagnes et la ville est une chose étonnante... La foule des chevaliers qui vinrent hier voir M. de Grignan à son arrivée; des noms connus, de Saint-Herem, etc... ; des aventuriers, des épées, des chapeaux de bel air; des gens faits à peindre une idée de guerre, de roman, d'embarquement, d'aventure, de chaînes, de fers, d'esclaves, de servitude, de captivité; moi qui aime les romans, tout cela me ravit ; je suis transportée. " Cependant ce sont là, comme on dit aujourd'hui, de simples impressions de touriste.

Pour réconcilier Mme de Sévigné avec la Provence, il fallut l'âge et le plaisir de chauffer ses rhumatismes au soleil. Alors elle comprit mieux la "triomphante beauté " du château de sa fille. Il y a déjà un peu de nostalgie dans ces lignes qu'elle écrit des Rochers, dans l'été de 1689 : "Toutes vos vues sont admirables ; je connais celle du mont Ventoux; j'aime fort tous ces amphithéâtres, et je suis persuadée, comme vous, que si jamais le ciel a quelque curiosité pour nos spectacles, ses habitants ne choisiront pas d'autre lieu que celui-là pour les voir commodément." Quelques mois plus tard, elle est à Grignan et écrit à Bussy : "Je sens un soleil capable de rajeunir par sa douce chaleur. " Un an avant sa mort, elle a tout pardonné à la Provence, même le mistral, et de Grignan elle écrit à son cousin Coulanges : "Hélas! mon cousin, nous avons cent fois plus de froid qu'à Paris ; nous sommes exposés à tous les vents : c'est le vent du Midi, c'est la bise, c'est le diable ; c'est à qui nous insultera ; ils se battent entre eux pour avoir l'honneur de nous enfermer dans nos chambres ; toutes nos rivières sont prises ; le Rhône, ce Rhône si furieux, n'y résiste pas; nos écritoires sont gelées; nos plumes ne sont plus conduites par nos doigts, qui sont transis ; nous ne respirons plus que la neige ; nos montagnes sont charmantes dans leur excès d'horreur ; je souhaite tous les jours un peintre pour bien représenter l'étendue de toutes ces épouvantables beautés, voilà où nous en sommes. " *D'épouvantables beautés, des montagnes charmantes dans leur excès d'horreur,* voilà des mots que Mme de Sévigné n'eût point prononcés vingt ans plus tôt !

En feuilletant ses lettres, on est informé de la vie qu'elle menait dans cette demeure fastueuse, de la bonne chère qu'on y faisait, de la petite cour qui entourait les Grignan ; on trouve aussi des scènes plaisantes et pittoresques où revit la Provence avec ses usages, ses costumes, ses pèlerinages, ses processions. Je me contente de réunir ici quelques scènes de la vie de province qu'on pourrait intituler : Embarras, expédients et déchéance d'une grande famille de Provence. Dans sa belle étude sur le marquis de Grignan, M. Frédéric Masson a conté avec beaucoup de verve la dernière partie de l'histoire. Je remonterai un peu plus haut, et, chemin faisant, je noterai quelques nouveaux traits du caractère de Mme de

Sévigné ; hélas ! ce ne sont peut-être pas ceux qui lui font le plus d'honneur.

La maison de Grignan succombait sous le fardeau de ses dettes. La plus grande partie de la dot de Mlle de Sévigné fut consacrée à désintéresser les créanciers du mari ; mais le gouffre ne fut pas comblé. Le comte était obligé à de grandes dépenses pour le service du roi : s'il occupait la place du gouverneur de la province, il était loin d'en toucher les appointements. Sans cesse il devait batailler avec les assemblées de la Provence pour quelques milliers de livres. Ces subsides, qu'on lui marchandait toujours, ne pouvaient lui suffire. Mme de Grignan aimait le jeu et le faste. La détresse de la famille s'aggravait de jour en jour. Mme de Sévigné s'en épouvantait. Ses lettres étaient pleines de remontrances :

Je comprends que vous n'oseriez demander des nouvelles de votre grande dépense : c'est une machine à quoi il ne faut pas toucher, de peur que tout ne renverse. Il y a de l'enchantement à la magnificence de votre château et de votre bonne chère ; votre débris est une chose étonnante ; et quand vous me dites que cela n'est pas considérable, je me perds, et ne peux comprendre comme cela se peut faire ; cela me paraît une sorte de magie noire, comme, la gueuserie des courtisans ; ils n'ont jamais un sou, et font tous les voyages, toutes les campagnes, suivent toutes les modes, sont de tous les bals, de toutes les courses de bague, de toutes les loteries, et vont toujours, quoiqu'ils soient abîmés ; j'oubliais le jeu qui est un bel article ; leurs terres diminuent, il n'importe, ils vont toujours. Quand il faudra aller au-devant de M. de Vendôme, on ira, on fera de la dépense. Faut-il faire une libéralité ? faut-il refuser un présent ? faut-il courir au passage de M. de Louvois ? faut-il courir sur la côte ? faut-il ressusciter à Grignan l'ancienne souveraineté des Adhémars ? faut-il avoir une musique ? a-t-on envie de quelque tableau ? On entreprend et l'on fait tout. Mon enfant, je mets tout cela au nombre de certaines choses que je ne comprends point du tout ; mais comme je prends beaucoup d'intérêt à celle-ci, j'en suis fort occupée, et je m'y trouve plus sensible qu'à mes propres affaires, c'est la vérité... (21 août 1680.)

Remontrances inutiles. Incapables de modérer leurs dépenses, les Grignan étaient depuis long-temps réduits aux expédients ; or un de ceux auxquels recouraient le plus volontiers les familles menacées de banqueroute, était de mettre les filles au couvent pour se dispenser de leur fournir une dot.

Mme de Grignan avait trois enfants : Blanche-Marie, Louis-Provence, Pauline. (Plusieurs de ses couches avaient été malheureuses.)

Mme de Sévigné fit ce qu'elle put pour épargner le cloître à ses petites-filles ; mais le désir de toujours approuver sa fille et d'en être toujours approuvée la rendait prudente et timide.

Pendant ses deux ou trois premières années, Marie-Blanche resta confiée aux soins de sa grand'mère. Celle-ci aimait l'enfant, l'admirait et s'en amusait : " Je lui ai fait couper les cheveux, écrivait-elle à Mme de Grignan ; elle est coiffée hurlubrelu ; cette coiffure est faite pour elle. Son teint, sa gorge, tout son petit corps est admirable; elle fait cent petites choses, elle parle, elle caresse, elle bat, elle fait le signe de la croix; elle demande pardon, elle fait la révérence ; elle baise la main ; elle hausse les épaules; elle danse; elle flatte; elle prend le menton, enfin elle est jolie de tout point. Je m'y amuse des heures entières." La petite avait cinq ans et demi, quand sa mère la plaça au couvent de la Visitation d'Aix. " La pauvre enfant ! murmurait Mme de Sévigné, ayez-en pitié ! " Mme de Grignan fut impitoyable. Quand Marie-Blanche eut dix ans, sa grand'mère aurait voulu qu'on la mît à Aubenas où une sœur du comte de Grignan était abbesse : " Cette place disait-elle, est convenable aux vocations un peu équivoques." Elle devait être, en effet, *un peu équivoque*, la vocation de cette gamine de dix ans ! Mme de Sévigné ne fut pas écoutée ; mais elle ne perdit jamais le souvenir de la recluse. En 1690, elle écrivait à sa fille : " Je fais réponse à ma chère petite d'Adhémar avec une vraie amitié: la pauvre enfant! Qu'elle est heureuse, si elle est contente ! Cela est sans doute; mais vous m'entendez bien." Marie-Blanche avait pris l'habit à seize ans ; elle mourut dans son couvent à soixante-cinq ans.

De Pauline, on se fût volontiers débarrassé de la même façon. Elle avait à peine trois ans que déjà Mme de Sévigné croyait utile d'exhorter Mme de Grignan à aimer sa fille: "Aimez, aimez Pauline; donnez-vous cet amusement ; ne vous martyrisez point à vous ôter cette petite personne; que craignez-vous ? Vous ne laisserez point de la mettre au couvent pour quelques années, quand vous le jugerez nécessaire. Tâtez, tâtez un peu de l'amour maternel. " (21 juin 1677.) Deux ans après, au moment de venir à Paris, Mme de Grignan envoya Pauline chez l'abbesse d'Aubenas. Mme de Sévigné en témoigna quelque inquiétude: " Il est vrai qu'en quittant Grignan, il faut la mettre *en dépôt*, comme vous dites; mais que ce ne soit donc qu'un *dépôt*. " Pauline revint à Grignan; mais on parla, de nouveau, de l'envoyer dans un couvent, et la grand'mère qui, de loin, aimait beaucoup Pauline pour son esprit et sa beauté, supplia Mme de Grignan de ne point se séparer de son enfant. Un jour ce fut la jeune fille elle-même qui, sans prendre conseil de personne, déclara son intention d'entrer au Carmel. D'où lui était venue cette soudaine résolution ? Un mot de Mme de Sévigné à sa fille explique tout : " Ce n'est pas une chose aisée à soutenir que la pensée *de ne pas être aimée de vous;* croyez-m'en." (Mai 1690.) Par bonheur, Pauline rencontra Louis de Simiane : elle l'aima, en fut aimée ; et elle fut ainsi sauvée d'une vocation encore plus *équivoque* que celle de Marie-Blanche.

D'un précédent mariage, le comte de Grignan avait deux filles : Louise-Catherine qu'on appelait Mlle de Grignan, et Françoise-Julie, dite Mlle d'Alerac. Bien empêché de leur rendre la fortune de leur mère, il restait débiteur de l'une et de l'autre pour des sommes importantes. Il n'y avait que deux vocations opportunes pour le tirer d'embarras.

Avec Mlle de Grignan tout alla à souhait. Elle déclara sa volonté d'entrer au couvent. Mme de Sévigné en accueillit la nouvelle avec des transports de joie. Si l'on était tenté de penser que le salut de Mlle de Grignan fût alors son unique pensée, on serait vite désabusé en lisant les lettres, —

disons : regrettables, — qu'elle écrivait alors à sa fille : " Vous voilà donc décidée, ma chère enfant, par la plus grande affaire et la plus avantageuse qui pût arriver à votre maison : c'est un coup de partie... Je vois avec plaisir les saintes dispositions croître dans votre sainte fille, et son impatience s'accorde fort avec la mienne... Cette sainte fille est l'objet de mon admiration : vous dites qu'elle se conduit toute seule ; ah ! ma fille ! qu'elle a un bon directeur ! Laissez-la faire, abandonnez-la à sa conduite, et croyez, selon ce que j'en puis juger, que jamais une conscience n'a été mieux dirigée. Ce sont des prodiges de grâce que ces vocations ; je suis attendrie de cette haute vertu. " (11 et 18 septembre, 2 octobre 1680.) Ce : *laissez-la faire*, adressé à Mme de Grignan, vaut son pesant d'or. Cependant l'action de la grâce subit quelque retardement. Ce fut seulement six ans plus tard que Mlle de Grignan entra au Carmel. Sa mauvaise santé l'obligea d'en sortir, et elle mena dans le monde la vie d'une religieuse ; mais elle n'en fit pas moins à son père une " donation bien conditionnée " de quarante mille livres. Mme de Sévigné annonça l'aubaine à tous ses amis ; elle eut même l'imprudence d'en faire part à Bussy qui lui répondit avec une délicieuse ironie : " Vous m'avez fait un fort grand plaisir, ma chère cousine, de m'apprendre le soin qu'a eu la belle Madelonne (surnom provençal de Mme de Grignan) d'inspirer de nobles sentiments à l'aînée de ses belles-filles, et l'heureux succès de ses peines. Je ne m'en étonne pas, car lui peut-on refuser quelque chose ? J'en suis ravi et ma fille aussi qui dit que Dieu lui a fait une belle grâce de ne lui avoir pas donné une belle-mère comme elle, parce qu'elle serait aujourd'hui dans un couvent, pour lequel sa vocation était fort médiocre. ''

Pour Mlle d'Alerac, il faut renoncer à la cloîtrer. Elle est belle et aime le monde. Au moment même où sa sœur va se faire carmélite, elle se fatigue et se ruine pour figurer dans un carrousel de la Cour. Tout ce que les Grignan peuvent espérer, c'est de lui trouver un mari assez épris pour se montrer conciliant sur certains articles du contrat de mariage. Le vicomte de Polignac se présente ; mais le duc de Montausier, oncle maternel de Mlle d'Alerac, s'oppose à cette union, jugeant, en conscience, que les garanties offertes par le comte de Grignan pour la sûreté de sa dette ne sont pas suffisantes. Furieux, les Grignan accusent Montausier d'empêcher sa nièce de se marier afin de se réserver l'héritage. Mlle d'Alerac, outrée de la donation que ses beaux-parents se sont fait consentir par sa sœur, se brouille avec eux et se retire chez Montausier. Celui-ci fait une saisie sur les biens des Grignan pour garantir les droits de sa nièce. Indignation de toute la famille qui crie à l'ingratitude, mais l'opinion lui donne tort. Deux ans après, Mlle d'Alerac épouse M. de Vibraye, et conserve sa créance contre ses beaux-parents. La manœuvre a échoué. En toute cette affaire, Mme de Sévigné prend, naturellement, le parti de sa fille et encourage ses manigances.

Cependant les affaires des Grignan vont de mal en pis. Un moment on a pu croire que les hasards de la politique allaient servir leurs intérêts. Pour punir Innocent XI d'avoir intrigué contre lui, Louis XIV occupe Avignon et remet au comte de Grignan le gouvernement du Comtat : c'est un subside d'environ vingt mille livres par an. Mais, l'année suivante, Innocent XI meurt, et le duc de Chaulnes, le même qui, en Bretagne, témoignait tant d'amitié à Mme de Sévigné, est envoyé comme ambassadeur à Rome pour négocier la restitution du Comtat au Saint-Siège. Aux Rochers où elle est allée cacher sa gêne et faire des économies, Mme de Sévigné gémit sur la perte de ce beau gouvernement : " Quel séjour ! quelle douceur d'y passer l'hiver ! Quelle bénédiction que ce revenu dont vous faites un si bon usage ! Quelle perte ! Quel mécompte ! J'en ai une véritable douleur... " Finalement, Avignon fait retour à Alexandre VIII.

Si l'on veut savoir à quel désastre est alors exposée la maison de Grignan, il faut lire cette lettre du 1ᵉʳ avril 1689 :

Je ne réponds rien à ces comptes et à ces calculs que vous avez faits, à ces avances horribles, à cette dépense sans mesure : cent vingt mille livres ! Il n'y a plus de bornes : deux dissipateurs ensemble, l'un voulant tout, l'autre l'approuvant, c'est pour abîmer le monde. Et n'était-ce pas le monde que la grandeur et la puissance de votre maison ? Je n'ai point de paroles pour vous dire ce que je pense, mon cœur est trop plein. Mais qu'allez-vous faire ? Je ne comprends point du tout. Sur quoi vivre ? Sur quoi fonder le présent et l'avenir ? Que fait-on quand on est à un certain point ? Nous comptions l'autre jour vos revenus : ils sont grands ; il fallait vivre de la charge, et laisser vos terres pour payer vos arrérages. J'ai vu que cela était ainsi ; ce temps est bien changé, quoique vous ayez reçu bien des petites sommes qui devraient vous avoir soutenus, sans compter Avignon ; il est aisé de voir que la dissipation vous a perdus du côté de la Provence. Enfin cela fait mourir d'autant plus qu'il n'y a point de remède.

Dieu sait comme les dépenses de Grignan, et de ces

compagnies sans compte et sans nombre, qui se faisaient un air d'y aller de toutes les provinces, et tous les enfants de la maison à la table jusqu'au menton, avec tous leurs gens et leur équipage, Dieu sait combien ils ont contribué à cette consomption de toutes choses. Enfin quand on vous aime, on ne peut pas avoir le cœur content... (1er avril 1689.)

Rien ne peut conjurer le naufrage. Les deux oncles du comte, l'évêque de Carcassonne et le coadjuteur d'Arles, consentent à rebâtir et à embellir le château de Grignan ; mais on ne peut rien espérer de plus. C'est la banqueroute.

Il ne reste plus qu'une seule planche de salut : une bonne et fructueuse mésalliance.

Le jeune marquis de Grignan était alors âgé de vingt-trois ans. La Provence avait été sa marraine et il en portait le nom joint à celui du roi. Louis-Provence était l'orgueil de sa mère, mais n'en était que l'orgueil. C'était à propos de lui — il n'avait alors que trois ans — que Mme de Sévigné était obligée d'écrire à sa fille : " Vous ne comprenez pas trop bien l'amour maternel ", et elle ajoutait tristement : " tant mieux, ma fille, il est violent." L'enfant avait été préparé à la vie de cour et au métier des armes. A dix-sept ans, il assistait au siège de Philsbourg, recevait une légère contusion à Mannheim et revenait à Versailles pour se montrer au roi.

Le petit fripon, après nous avoir mandé qu'il n'arriverait qu'hier mardi, arrive comme un petit étourdi avant-hier, à sept heures du soir, que je n'étais pas revenue de la ville... Quand je revins, je le trouvai tout gai, tout joli, qui m'embrassa cinq ou six fois de très bonne grâce ; il me voulait baiser les mains, je voulais baiser ses joues, cela faisait une contestation ; enfin je pris possession de sa tête, je la baisai à ma fantaisie ; je voulus savoir sa contusion ; mais, comme elle est, ne vous déplaise, à la cuisse gauche, je ne trouvai pas à propos de lui faire mettre chausse bas. Nous causâmes le soir avec ce petit compère; il adore votre portrait, il voudrait bien voir sa chère maman ; mais sa qualité de guerrier est si sévère, que l'on n'oserait rien proposer... (8 décembre 1688).

A dix-huit ans, il était colonel du régiment de Grignan, qu'il commanda en Lorraine, en Savoie, en Alsace. On vantait sa jolie mine et son esprit enjoué. Son régiment passait pour un des meilleurs de l'armée.

Sa mère et sa grand'mère songèrent à le marier; mais les familles auxquelles un Grignan auraient pu s'allier sans déchoir, redoutaient la catastrophe dont la maison était menacée. Pour redorer le blason des Adhémars, il fallait se résigner à s'encanailler. Le choix des Grignan tomba sur

Mlle de Saint-Amans, fille d'un fermier général de Montpellier.

Au dernier moment, Mme de Grignan parut hésiter à faire un tel sacrifice, rude pour sa vanité. Elle craignait l'opinion ; mais autour d'elle, tout le monde la pressait d'accepter l'inévitable : sa mère, son beau-frère, le chevalier de Grignan, la maréchale de Villeroi, le petit Coulanges. Ce chansonnier lui reprochait vertement ses scrupules et la rassurait sur les clabauderies du public.

... Prenez donc le parti qui vous convient ; mais voulez-vous mettre le public dans son tort ? faites-vous donner une si bonne grosse somme en argent comptant, que vous vous mettiez à votre aise : un gros mariage justifiera votre procédé ; tirez, comme je vous le dis, le plus d'argent comptant que vous pourrez ; car voilà la précaution qu'il faut prendre en pareil cas ; le public dit, et il n'a pas tort, qu'il ne faut jamais compter avec les financiers sur les biens à venir ; et le public est persuadé, et il a raison encore, que, la paix faite, on les pressera tant, qu'on en ruinera beaucoup ; prenez donc bien toutes vos mesures, et consolez-vous d'une mésalliance, et par le doux repos de n'avoir plus de créanciers, dans le séjour de beaux, grands et magnifiques châteaux qui ne doivent rien à personne, et par la satisfaction de donner quelquefois dans le superflu, qui me paraît le plus grand bonheur de la vie. Voilà, ma belle Madame, tout ce que j'ai à vous répondre. ... Je n'ai pu cependant m'empêcher de discourir de tout cela avec la maréchale de Villeroi qui a bon sens et bon esprit... Elle approuve toutes vos raisons, elle vous loue sans fin et sans cesse et vous conseille d'aller votre grand chemin. Aujourd'hui, comme vous dites fort bien, on parle d'une chose, et demain on n'en parle plus; et quand vous présenterez au public une jolie marquise de Grignan, et qu'il sera persuadé que vous en avez beaucoup de bien, il ne vous fera pas plus votre procès qu'à tous les gens de la première qualité qui vous ont montré le chemin et qui ne croient pas, à l'heure qu'il est, en avoir la jambe moins bien tournée. Voilà qui est dit, et je ne vous en parlerai plus. (28 juin 1694.)

Le mariage eut lieu le 2 janvier 1695 dans la collégiale de Grignan.

Mlle de Saint-Amans apportait 400.000 livres de dot à son mari.

La jeune femme était, au dire de Mme de Sévigné, "jolie, aimable, sage, bien élevée, raisonnable au dernier point". Il eût suffi à Mme de Grignan de témoigner à sa bru un peu d'affection pour sauver au moins les apparences, mais sa vanité était incurable. "En présentant sa belle-fille au monde, dit Saint-Simon, elle en faisait ses excuses, et, avec ses minauderies, en radoucissant ses petits yeux, disait qu'il fallait bien de temps en temps du fumier sur les meilleures terres. Elle se savait un gré infini de son bon mot, qu'avec raison chacun trouva impertinent, quand on a fait un mariage, et le dire entre bas et haut devant sa belle-fille. Saint-Amans, son père qui se prêtait à tout pour leurs dettes, l'apprit enfin et s'en trouva si offensé qu'il ferma le robinet."

La marquise de Grignan retourna à Paris ; et tantôt à la cour, tantôt à l'armée, le marquis vécut d'une manière agréable et magnifique sur les revenus de la dot de sa femme.

Au cours d'une campagne, il mourut à Thionville de la petite vérole à l'âge de trente-deux ans. Sa mère disparut l'année suivante, et son père en 1714. La famille de Grignan était éteinte.

Pour retarder leur ruine, les Grignan avaient tout immolé à l'honneur du nom : le bonheur de leurs enfants et jusqu'à l'honneur de leur sang. Sacrifices bien inutiles, puisque le nom même allait périr avec le dernier de la race.

Naguère, pour perpétuer le souvenir de cette histoire tragique, il restait encore, au sommet d'un rocher de Provence, les tours et les façades, les terrasses et les jardins d'un palais magnifique. Honteusement saccagés, puis honteusement rafistolés, ces débris n'évoquent plus rien que la triple sauvagerie des révolutionnaires, des brocanteurs et des restaurateurs. Heureusement les livres ont la vie plus dure que les architectures. Les lettres de Mme de Sévigné raconteront toujours à qui voudra les lire, la gloire, le faste, les angoisses et les misères de cette famille orgueilleuse.

PORTRAIT DU CARDINAL DE RETZ
(appartient à la famille de Lucay)

UNE « AMIE » DE PORT-ROYAL

Le 24 janvier 1674, Mme de Sévigné se rendait
à Port-Royal-des-Champs pour voir Arnauld
d'Andilly qui s'y était retiré depuis quelques
mois. Le surlendemain, elle écrivait à Mme de
Grignan :

Ce Port-Royal est une Thébaïde ; c'est le paradis ;
c'est un désert où toute la dévotion du christianisme s'est
rangée ; c'est une sainteté répandue dans tout ce pays à une
lieue à la ronde. Il y a cinq ou six solitaires qu'on ne
connaît point, qui vivent comme les pénitents de saint
Jean Climaque. Les religieuses sont des anges sur terre.
Mlle de Vertus y achève sa vie avec une résignation
extrême et des douleurs inconcevables : elle ne sera pas en
vie dans un mois. Tout ce qui les sert jusqu'aux charre-
tiers, aux bergers, aux ouvriers, tout est saint, tout est
modeste. Je vous avoue que j'ai été ravie de voir cette
divine solitude, dont j'avais tant ouï parler ; c'est un vallon
affreux, tout propre à faire son salut...

Voilà, en peu de lignes, Port-Royal tel que
l'ont représenté tous les pèlerins du dix-septième
siècle, tel que l'admirent encore tant d'esprits
étrangers à la controverse théologique, plus étran-

gers encore à l'ascétisme de saint Jean Climaque.

Port-Royal : au creux d'une vallée humide qu'enveloppent des bois touffus de chênes et de châtaigniers, un pauvre monastère de l'ordre de Cîteaux dont les bâtiments conventuels ont été reconstruits sans art et sans luxe ; une vieille église ogivale surmontée d'un petit clocher pointu ; une grange, un colombier, des tombes, des vergers, de modestes logis pour les pénitentes du dehors ; une grande croix de bois au pied de laquelle les mères assises en cercle, la quenouille à la main, s'entretiennent des choses saintes ; un étang que rase le vol des hirondelles ; sur la colline un plant de vigne, et plus haut un bâtiment de ferme où s'abritent quelques solitaires.

Port-Royal : une doctrine de fer et une dialectique de feu ; le goût de la vérité et la passion de la controverse ; des têtes obstinées et des cœurs inflexibles ; des renoncements, des mortifications, des pénitences ; de grandes religieuses : l'indomptable mère Angélique, la mère Angélique de Saint-Jean qui mêlait quelque raillerie à sa rude austérité, la mère Agnès en qui l'intraitable génie des Arnauld se tempérait d'un peu de tolérance et de beaucoup de tendresse, la sœur Briquet si vaillante dans la persécution et qui avait la langue si bien pendue, et tant de filles héroïques que l'archevêque Harlay de Champvallon jugeait " pures comme des anges et orgueilleuses comme des démons " ; les *messieurs*, tous ces admirables bonshommes, graves et candides, dont la plupart étaient venus " au désert " après bien des incertitudes et des orages, des gentilshommes, des clercs, des soldats, des médecins, des gens de loi : M. de Saint-Gilles qui maniait le rabot, lisait du grec et jouait de la flûte, M. Charles Duchemin qui labourait la terre et raillait avec tant d'esprit les gens du roi en perquisition chez les solitaires ; M. Bouilli qui taillait la vigne, M. Raphaël Le Charron d'Espinoy de Saint-Ange, lampiste et vitrier du monastère, M. de Gibron, cuisinier des domestiques, M. de Coislin du Cambout de Pontchâteau qui cueillait les fruits et les vendait sur les marchés, vêtu de grosse serge comme un laboureur, et le plus saint de tous, M. Hamon qui, monté sur un âne, faisait des ouvrages de tricot pour que ses mains ne demeurassent pas inoccupées, tandis que du cœur et des lèvres il priait sans relâche, M. Hamon qui dans un solide latin composait les épitaphes de ses frères et qui faisait confidence à ses amis des " petites rêveries " que lui suggérait le spectacle des bois et de la campagne.

Port-Royal : les petites écoles où enseignait le bon Lancelot, auteur du *Jardin des Racines grecques ;* l'enfance et la vieillesse de Racine, ses premiers vers et les dernières pages de sa prose limpide ; le style rugueux et décoloré d'Antoine Arnauld ; la chaude éloquence d'Antoine Le Maître ; la gracieuse subtilité de Nicole ; l'érudition de Le Nain de Tillemont ; et le génie de Blaise Pascal !

Port-Royal : des murs blancs et nus où l'on voit pour tout ornement un crucifix, des sentences tirées des psaumes, quelques froides peintures de Philippe de Champaigne ; tout ôté aux sens, tout donné à l'esprit ; le charme des choses visibles méprisé comme un appât diabolique ; fi de ces églises trop belles où, pour prier, M. Hamon est obligé de fermer les yeux !

Et cependant, merveilleuse revanche de l'art proscrit et de la beauté réprouvée, voici qu'avec les siècles les figures de ces religieuses et de ces solitaires, le vallon témoin de leurs pénitences et jusqu'aux vestiges du monastère anéanti, tout Port-Royal s'est enveloppé d'une poésie sombre et émouvante qui enchante l'imagination des hommes, comme le ferait la plus parfaite des œuvres d'art !

Enfin, pour accroître par un puissant contraste

le prestige des souvenirs, des bois et des ruines, la pensée que ce magnifique foyer de vertu et d'ardeur spirituelle s'est allumé à trois lieues de Versailles, du Versailles de Mansart et de Le Nôtre, de Quinault et de Lulli, du Versailles où nous suivions naguère Mme de Sévigné, du Versailles de Mme de Montespan, théâtre de toutes les splendeurs, de tous les orgueils et de toutes les bassesses. Quel siècle !

De Port-Royal, Mme de Sévigné fut l'amie fidèle « Les autres, dit Sainte-Beuve, sont des solitaires, les autres des disciples, des adhérents, des affiliés, des dévots ou des dévotes à Port-Royal, des mères de l'Église et des dames de la Grâce ; elle... elle est *l'amie* et pas autre chose. »

En recherchant les raisons, les limites et les suites de cette amitié, nous serons conduits à nous demander comment Mme de Sévigné comprit et pratiqua sa religion : ainsi s'achèvera le portrait que nous avons tenté de tracer dans cette suite de causeries.

*
* *

Mme de Sévigné était attachée à Port-Royal par un lien héréditaire.

15

Elle était, par son père, petite-fille de la baronne de Chantal qui avait fondé la Visitation et qui fut canonisée au dix-huitième siècle. Enfant et orpheline, elle avait beaucoup entendu parler de cette grand'mère lointaine qui, dans son monastère d'Annecy, priait pour les siens. Elle eut même l'occasion de la voir et de recevoir ses conseils, quand la fondatrice de la Visitation vint à Paris pour les affaires de son ordre, mais, dans les lettres que nous possédons, elle n'a rien dit de ces souvenirs d'enfance. Elle avait seize ans à la mort de sa grand'mère. Toute sa vie elle vénéra la mémoire de l'illustre religieuse, et se montra fière de tenir par les liens du sang à la fondatrice d'un institut chaque jour plus nombreux et plus populaire. Elle était reçue familièrement dans tous les couvents de la Visitation: au faubourg Saint-Jacques où elle allait pleurer le départ de sa fille ; au faubourg Saint-Antoine où elle avait choisi la place de sa sépulture, si elle mourait à Paris ; au faubourg Saint-Germain d'où elle écrivait à Mme de Grignan: " Je vous amènerai ici, non seulement comme une relique vivante de ma grand'mère, mais comme une personne curieuse qui doit aimer à voir une très belle maison de campagne ; vous en serez surprise... " Lorsqu'elle passait par une ville où se trouvait une communauté de filles de la Visitation, elle ne manquait jamais d'aller saluer les religieuses. Ce fut aux Visitandines de Nantes qu'elle confia sa fille pendant un an ou deux, et ce fut chez celles d'Aix que Blanche-Marie, la fille aînée des Grignan, passa toute sa vie.

Fidèle au souvenir de sa grand'mère, Mme de Sévigné devait être l'amie de Port Royal. En effet François de Sales et la mère de Chantal avaient voué à la mère Angélique, première abbesse de Port-Royal réformé, une affection spirituelle qui jamais ne s'était démentie : " La bien-heureuse mère de Chantal, dit Racine dans son *Abrégé de l'histoire de Port-Royal*, vécut encore vingt ans, depuis qu'elle eut connu la mère Angélique. Elle ne faisait pas de voyage à Paris qu'elle ne vînt passer plusieurs jours de suite avec elle, versant dans son sein ses plus secrètes pensées, et désirant avec ardeur que les Filles de la Visitation et celles de Port-Royal fussent unies du même lien d'amitié qui avait si étroitement uni leurs deux Mères. " Dans sa prison de Vincennes, l'abbé de Saint-Cyran avait été consulté par la fondatrice de la Visitation et lui avait envoyé une longue lettre de direction. Enfin il ne faut pas oublier que ses amitiés jansénistes avaient à ce point compromis Jeanne de

Chantal que sa canonisation fut retardée d'un siècle.

Voilà la première cause de la sympathie de Mme de Sévigné pour Port-Royal. Ses relations mondaines achevèrent de la rapprocher du jansénisme.

*
* *

Une des plus constantes et des plus ferventes amitiés qu'ait entretenues Mme de Sévigné, a été celle du cardinal de Retz. Cette amitié s'était formée au temps de la Fronde, le marquis de Sévigné étant parent des Gondi.

Chateaubriand s'est beaucoup moqué de la liaison de Retz et de Mme de Sévigné, dans la *Vie de Rancé*, ouvrage un peu sénile et très bâclé, où pullulent les erreurs historiques et où le style même a parfois de singulières faiblesses. On y rencontre cependant un beau portrait du cardinal. La haine a ranimé la verve du vieil écrivain, car à travers Paul de Gondi, " homme de beaucoup d'esprit, mais prélat sans jugement et évêque sacrilège ", c'est Talleyrand qu'il veut une fois de plus accabler de ses mépris et de ses injures. En passant, la pauvre Sévigné reçoit quelques éclaboussures.

" Celle-ci, dont on a publié peut-être trop de lettres, dit Chateaubriand, ne pouvait se garantir de la raillerie, même envers des gens qu'elle croyait aimer ; elle appelait le cardinal de Retz le héros du bréviaire. " — Cette plaisanterie était assez innocente. Du reste, elle ne se faisait point illusion sur les faussetés et les faiblesses du personnage, car, La Rochefoucauld ayant composé de Retz un portrait ressemblant mais sans aucune indulgence, elle envoyait ce morceau à sa fille, ajoutant qu'on y trouvait " la vérité toute nue et toute naïve ".

" Le cardinal lui mandait de Saint-Denis en 1649 qu'il s'ennuierait fort sans l'espoir qu'*elle lui passerait par les mains au sac de Paris.* " — Chateaubriand se trompe, Gondi était à Paris en 1649, et c'étaient les partisans du roi qui se trouvaient à Saint-Denis. L'auteur de ce poulet est Bussy et non le coadjuteur.

" Mme de Sévigné annonce, nombre d'années après, au vieil acrobate mitré, que Molière lui lira, à lui, *Trissotin* et que Despréaux lui fera connaître son *Lutrin.* " — C'est exact, et cet *acrobate mitré* est du meilleur Chateaubriand.

" Elle parle du *bon cardinal ;* elle nous apprend qu'il se fait peindre par un religieux de Saint-

Victor, qu'il donnera son image à Mme de Grignan, laquelle ne s'en souciait pas du tout. " — En effet, Mme de Grignan détestait Retz, comme elle détestait tous les amis de sa mère, et Mme de Sévigné s'en désespérait, persuadée qu'une fois ses dettes payées, le cardinal voulait laisser sa fortune aux enfants de Mme de Grignan.

" Mme de Sévigné se promène comme une bonne avec le malade ; elle insiste pour que sa fille accepte une cassolette de lui, et sa fille la refuse avec dédain. " — D'après ce que nous avons vu de Mme de Grignan, il n'est pas téméraire de penser qu'elle eût montré moins de dédain, si elle avait partagé les espoirs de sa mère au sujet de l'héritage du cardinal.

" Mais à mesure que l'on approche de la fin du cardinal, l'admiration de Mme de Sévigné baisse, parce que ses espérances diminuent. Légère d'esprit, *inimitable de talent*, positive de conduite, calculée dans ses affaires, elle ne perdait de vue aucun intérêt, et elle avait été dupe des intentions testamentaires qu'elle supposait au coadjuteur. " — En faveur de cet *inimitable de talent*, pardonnons tout à Chateaubriand. Cependant ne lui laissons pas dire que l'intérêt seul guida Mme de Sévigné et que son admiration diminua dans les dernières années de

Retz : c'est le contraire de la vérité. Elle lui témoigna jusqu'à la fin le même attachement et, le lendemain de la mort de son ami, elle écrivait à Bussy : "... Plaignez-moi d'avoir perdu le cardinal de Retz. Vous savez combien il était aimable et digne de l'estime de tous ceux qui le connaissaient. J'étais son amie depuis trente ans, et je n'avais jamais reçu que des marques tendres de son amitié. Elle m'était également honorable et délicieuse. Il était d'un commerce aisé plus que personne du monde. Huit jours de fièvre continue m'ont ôté cet illustre ami. J'en suis touchée jusqu'au fond du cœur... "

Lorsque Retz s'était retiré du monde pour donner le spectacle d'une vie régulière et d'une fin pénitente, elle avait cru à sa sincérité. Avait-elle été dupe de l'amitié ? Dans son étude sur les *Dernières années du cardinal de Retz*, M. Gazier affirme et prouve qu'elle ne s'était pas trompée, et il invoque le grave témoignage des jansénistes et d'Arnauld lui-même.

Les jansénistes ! ils restèrent jusqu'au dernier jour fidèles à celui qui les avait tour à tour flattés, exploités, trahis et servis. Les mystérieuses relations du cardinal avec les jansénistes n'ont jamais été tout à fait éclaircies. Ils furent ses auxiliaires dans sa lutte contre Mazarin, et sans doute aussi ses bailleurs de fonds. D'autre part, le cardinal fut le meilleur artisan de la " Paix de l'Église " qui, en 1668, arrêta les persécutions contre Port-Royal. Est-ce là un beau côté de la vie de Retz ? Est-ce un fâcheux épisode de l'histoire du jansénisme ? Il eût mieux valu peut-être que, même par excès de crédulité, tant de vertu ne fût pas la caution de tant d'infamie. Quoi qu'il en fût, l'amitié de Retz rapprochait Mme de Sévigné du parti janséniste.

*   *
*

Voici des accointances moins suspectes.

Mme de Sévigné a des relations plus ou moins étroites avec la grande tribu janséniste, la famille des Arnauld.

Elle aime et vénère Arnauld d'Andilly, le " bonhomme " comme elle l'appelle. C'est la plus noble et la plus attachante figure du premier Port-Royal, que ce vieillard aimable et enthousiaste, " effleuré de Montaigne ", dit Sainte-Beuve, ami des longues conversations et dont le grand divertissement est de tailler les espaliers de Port-Royal, ces espaliers dont Racine enfant a chanté les pavies et les abricots sans pareils. Mme de Sévigné lui reproche par taquinerie d'avoir " plus envie de sauver une âme qui est dans un beau corps qu'une autre ". Lui, la morigène, blâmant l'excès de son amour maternel. " J'allai dîner à Pomponne ; j'y trouvai notre bonhomme qui m'attendait ; je n'aurais pas voulu manquer à lui dire adieu. Je le trouvai dans une augmentation de sainteté qui m'étonna ; plus il approche de la mort, et plus il s'épure. Il me gronda très sérieusement, et, transporté de zèle et d'amitié pour moi, il me dit que j'étais folle de ne point songer à me convertir ; que j'étais une jolie païenne ; que je faisais de vous une idole dans mon cœur : que cette sorte d'idolâtrie était aussi dangereuse qu'une autre, quoiqu'elle me parût moins criminelle ; qu'enfin je songeasse à moi. Il me dit tout cela si fortement que je n'avais pas le mot à dire. " (29 avril 1671.) On sait, d'ailleurs, comment Mme de Sévigné a suivi les conseils du vieux janséniste.

La même année, elle a l'occasion de conter comment Louis XIV accueille Arnauld d'Andilly, quand celui-ci vient à Versailles remercier le roi d'avoir nommé ministre son fils Arnauld de Pomponne. Quelle verve dans le récit de cette entrevue !

Le Roi causa une demi-heure avec le bonhomme d'Andilly aussi plaisamment, aussi bonnement, aussi agréablement qu'il est possible. Il était aise de faire voir son esprit à ce bon vieillard, et d'attirer sa juste admiration ; il témoigna qu'il était plein du plaisir d'avoir choisi M. de Pomponne, qu'il l'attendait avec impatience, qu'il aurait soin de ses affaires, qu'il savait qu'il n'était pas riche. Il dit au bonhomme qu'il y avait de la vanité à lui d'avoir mis dans la préface de *Josèphe* qu'il avait quatrevingts ans, que c'était un péché : on riait, on avait de l'esprit, le roi disant qu'il ne crût pas qu'il le laissât en repos dans son désert, qu'il l'enverrait quérir, qu'il le voulait voir comme un homme illustre par toutes sortes de raisons. Comme le bonhomme l'assurait de sa fidélité, il dit qu'il n'en doutait point, et qu'il savait trop bien tous ses devoirs pour manquer à celui-là ; que quand on servait bien Dieu, on servait bien son roi. Enfin ce furent des merveilles ; il eut soin de l'envoyer dîner, de le faire promener dans une calèche ; il en a parlé un jour entier en l'admirant. Pour le bonhomme, il est transporté, et dit, de moment en moment, sentant qu'il en a besoin : " Il faut s'humilier. " Vous pouvez penser la joie que tout cela me donne, et la part que j'y prends. (23 septembre 1671.)

Et nous tenons là une bonne preuve de la véracité de Mme de Sévigné ; elle n'a rien ajouté aux coquetteries du roi et aux joyeux ébahissements du bonhomme : nous possédons la relation de l'entrevue par Arnauld d'Andilly lui-même. Il y a pourtant dans le récit du vieux solitaire un trait qui manque dans celui de Mme de Sévigné et qu'il faut recueillir pour que la scène ait tout son prix.

Avant de prendre congé du roi, Arnauld d'Andilly lui avoue qu'il lui reste une chose à souhaiter. " Eh quoi ? me répondit le roi. — L'oserai-je dire, " Sire ? — Oui. — C'est, Sire, que Votre Majesté " me fasse l'honneur de m'aimer un peu. " En achevant ces paroles, je lui embrassai les genoux et Sa Majesté me fit l'honneur de m'embrasser d'une manière qui me combla d'obligations. " Quand on voit ce vieil homme, qui depuis vingt-six ans n'a point paru à la cour, supplier à genoux Louis XIV de l'aimer un peu, qui raillerait la joie enfantine de Mme de Sévigné, lorsqu'elle se sent " en fortune " pour un mot obligeant du roi ?

Mme de Sévigné semble avoir peu connu Antoine Arnauld, le frère du bonhomme d'Andilly : ce grand docteur vivait le plus souvent enveloppé de nuées et de mystère ; mais elle admirait ses livres et surtout le *Traité de la fréquente communion*. Tous les fils du bonhomme étaient ses amis. Arnauld de Luzancy se chargeait de lui trouver un précepteur pour les petits marquis de Grignan. Elle goûtait fort la société de l'abbé Arnauld dont le jansénisme mitigé s'accommodait mieux du commerce des

femmes que de celui des théologiens. C'est cet
abbé Arnauld qui, dans ses *Mémoires*, a peut-être
dessiné le plus gracieux portrait de la marquise,
celui qu'elle eût préféré à tous les autres, si elle
l'eût connu : " Il me semble que je la vois encore,
telle qu'elle me parut la première fois que j'eus
l'honneur de la voir, arrivant dans le fond de son
carrosse tout ouvert, au milieu de monsieur son
fils et de mademoiselle sa fille ; tous les trois tels
que les poètes représentent Latone, au milieu du
jeune Apollon et de la petite Diane, tant il éclatait
d'agrément et de beauté dans la mère et les
enfants. " Ce fut avec Arnauld de Pomponne
qu'elle eut la liaison la plus étroite et la plus
affectueuse. Elle lui avait adressé ses admirables
lettres sur le procès de Foucquet. Elle resta fidèle
à Pomponne disgracié, comme elle était restée
fidèle à Foucquet déchu. Décidément elle disait
vrai : l'ingratitude était bien *sa bête d'aversion*. Il
faudrait citer à son honneur tout ce qu'elle écrivit
alors à sa fille. Écoutez au moins ce fragment de
lettre qui nous remet en plein Port-Royal :

Mme de Lesdiguières a écrit à la mère Angélique de
Port-Royal. [Il s'agit de la mère Angélique de Saint-
Jean], sœur de ce ministre malheureux [Pomponne];
elle me montra sa réponse ; je l'ai trouvée si belle que je

l'ai copiée, et la voilà. [Malheureusement elle ne nous a pas été conservée.] C'est la première fois que j'ai vu une religieuse penser et parler en religieuse. J'en ai bien vu qui étaient agitées du mariage de leurs parentes, qui sont au désespoir que leurs nièces ne soient point mariées, qui sont vindicatives, médisantes, intéressées, prévenues ; mais je n'en avais point encore vu qui fût véritablement et sincèrement morte au monde. Jouissez, ma très chère, du même plaisir que cette rareté m'a donné. C'était la chère fille de M. d'Andilly, et dont il me disait : " Comptez que tous mes frères, et tous mes enfants, et moi nous sommes des sots en comparaison d'Angélique. " Jamais rien n'a été bon de tout ce qui est sorti de ces pays-là, qui n'ait été corrigé et approuvé d'elle ; toutes les langues et toutes les sciences lui sont infuses ; enfin c'est un prodige, d'autant plus qu'elle est entrée en religion à six ans. J'en ai refusé hier une copie à Brancas ; et je lui dis : " Avouez seulement que ce n'est pas trop mal écrit pour une hérétique. "

*
* *

Enfin, il y eut un Sévigné à Port-Royal : le chevalier Renaud, oncle du marquis de Sévigné.

Ce chevalier de Malte avait été capitaine au régiment de Normandie. Pendant la guerre de Trente ans, il s'était signalé par sa belle conduite ; devant Poligny, il prit à l'ennemi deux canons et un drapeau. Il avait aussi le goût de l'étude : entre peux batailles, il lisait quelque bon livre " pour apprendre à bien vivre et à bien mourir ". Il était plein de charité : dans une ville mise à sac, il recueillit une petite fille que ses parents avaient abandonnée sur un fumier, l'enveloppa dans son manteau, se chargea de son éducation et, jusqu'à sa mort, paya sa pension dans le couvent où elle était entrée.

Parent de Retz, il fut entraîné dans la Fronde et n'y connut que des déboires.

A quarante-trois ans, il épousa une veuve, Mme de La Vergne, et devint ainsi le beau-père de la jeune Marie-Madeleine qui, quelques années plus tard, fut Mme de La Fayette. Sa femme, qui lui avait apporté des biens considérables, mourut après six ans de mariage. Il en éprouva un profond chagrin. La politique l'avait déçu, ses amis l'avaient trahi. Il comprit le néant du monde, se résolut à la retraite. A partir de ce moment, je suis en l'abrégeant le récit de Fontaine. (Les *Mémoires* de Fontaine, rédigés sans style mais avec une délicieuse bonhomie, sont l'ouvrage le plus propre à nous faire connaître l'esprit et les gens de Port-Royal.)

M. de Sévigné choisit Port-Royal de Paris où il fit bâtir un logis fort propre, dans lequel M. de Saci et moi avons eu un appartement. Sa vie retirée et les entretiens de M. Singlin et de la mère Angélique le firent entrer en de grands sentiments de pénitence que M. de Saci cultiva. Ensuite son repos lui fit mieux connaître la laideur de sa vie tumultueuse, et pour mieux réparer ses fautes, il voulut employer tout son bien en aumônes... Que Dieu, qui ne laisse pas un verre d'eau sans récompense, lui en tienne compte en son paradis !

Il ne voulut pas quitter son carrosse, parce qu'il le regardait comme étant moins à lui qu'à ses amis, au service desquels il l'avait entièrement sacrifié... Lorsqu'il n'y eut plus guères que M. de Saci qui s'en servait, il vit que M. de Saci avait peine que pour lui on fît la dépense de l'entretien d'un carrosse ; ainsi sa charité trouva un milieu qui fut de se défaire de ses six chevaux et de son carrosse et de faire prix avec un homme de lui donner deux voyages par semaine avec un cocher propre et deux bons chevaux, moyennant six cents livres par an. Il avait cependant retenu le corps du carrosse. On ménageait toujours ces deux jours de la semaine pour les visites de M. de Saci ; car pour M. de Sévigné, il sortait peu, à moins que ce ne fût pour mener M. de Saci se promener. Il se contentait d'aller prendre l'air au jardin des Capucins qui sont proche de là. Il n'y avait qu'une incommodité qui est qu'allant là avec son parasol, de peur du mal de tête, les petits enfants, qui n'étaient pas accoutumés à voir un homme ainsi coiffé, le suivaient avec quelques cris désagréables ; sur quoi il demanda à M. de Saci s'il ne ferait pas bien de se faire suivre de son valet de chambre, pour battre régulièrement la mesure, lorsque ces enfants commenceraient leur musique, et pour leur faire changer de ton. Il est vrai que ce cas de conscience fit rire M. de

Saci, et que M. de Sévigné comprit que le meilleur serait de ne pas battre si dévotement ces enfants, qui ne feraient que s'irriter davantage par un traitement qu'ils n'attendaient pas...

Lorsqu'on fit la transmigration des religieuses de Port-Royal de Paris à Port-Royal-des-Champs, M. de Sévigné n'hésita pas. Il voulut les suivre...

Il semble que la nouvelle solitude de ce saint désert lui inspira de nouveaux sentiments pour la pénitence, la voyant si bien pratiquer devant ses yeux par toutes sortes de personnes. Il se regarda lui seul comme un grand champ de bataille, où il entreprit de remporter à l'avenir autant de victoires sur son ennemi qu'il en avait été terrassé de fois. Il l'attaqua par son plus grand défaut qui était un certain air impérieux, que lui avait donné sa noblesse et son commandement dans les armées, et qui depuis s'était nourri dans ses grands biens... Ayant jusque-là aimé la délicatesse dans son vivre, il cultiva l'abstinence et la mortification dans le manger. Il n'est pas croyable combien il gourmanda l'avarice, donnant toute sa vaisselle d'argent dont jusque-là il ne s'était point défait.

Mais ce qu'on admira le plus, ce fut la douceur qu'on lui vit avoir pour ses domestiques ; car il leur avait été toujours extrêment dur et fâcheux. Cependant à force de se combattre il devint si bon envers ses domestiques, que ses infirmités l'obligèrent de garder, qu'il les servait lui-même, presque autant qu'il en était servi...

Il mourut entre les bras de M. de Saci avec la même piété qu'il avait vécu.

Mme de Sévigné, dans ses lettres, parle assez rarement de son oncle de Sévigné qui se trouvait en même temps le beau-père de sa meilleure amie, Mme de La Fayette. Elle respectait, sans doute, la pénitence et les mortifications du vieux frondeur déçu ; mais un jour qu'elle envoyait à Mme de Grignan un collier de perles de douze mille écus et des pincettes, " les plus parfaites de Paris ", pour arracher les poils importuns de la barbe de M. de Grignan, elle y joignait un livre : " Voici, disait-elle, un livre que mon oncle de Sévigné me prie de vous envoyer ; je m'imagine que ce n'est pas un roman ; je ne lui laisserai pas le soin de vous envoyer des *Contes* de la Fontaine qui sont... Vous en jugerez. "

Elle admirait Port-Royal, les Arnauld et son oncle de Sévigné ; elle jugeait le " vallon affreux " tout propre à faire son salut ; mais, après avoir passé dans la " Thébaïde " un édifiant après-midi, elle retournait au monde sans dégoût. De toutes les voies qui mènent au ciel, elle était résignée à ne point suivre la plus étroite. Elle ne renonça jamais à lire les *Contes* de La Fontaine.

*
* *

Sa foi était profonde ; mais elle eût pensé contrarier le dessein de la Providence en se retirant d'un monde qu'elle charmait par son esprit et sa bonté, sans y scandaliser personne.

" Une de mes grandes envies, disait-elle, c'est d'être dévote... Je ne suis ni à Dieu ni au diable : cet état m'ennuie, quoique entre nous, je le trouve le plus naturel du monde. On n'est point au diable, parce qu'on craint Dieu et qu'au fond on a un principe de religion ; on n'est point à Dieu aussi, parce que sa loi est dure, et qu'on n'aime point à se détruire soi-même. Cela compose les tièdes dont le grand nombre ne m'inquiète point du tout; j'entre dans leurs raisons. Cependant Dieu les hait : il faut donc en sortir, voilà la difficulté. "

La tranquillité d'un pareil aveu montre combien elle est peu janséniste.

Elle goûte beaucoup les ouvrages de ses amis de Port-Royal. Elle n'a jamais vu " une force et une énergie comme il y en a dans le style de ces gens-là " ; elle lit *les Provinciales* dès qu'elles paraissent, et les trouve " fort belles " ; les relisant trente ans plus tard, elle s'écrie : " Peut-on avoir un style plus parfait, une raillerie plus fine, plus naturelle, plus délicate, plus digne fille de ces dialogues de Platon qui sont si beaux ? Mais, après les dix premières lettres, quel sérieux, quelle soli-

dité, quelle force, quelle éloquence, quel amour
pour Dieu et pour la vérité ! " Et il est inutile
de rappeler une fois de plus son engouement pour
Nicole. Mais, pas plus que ses amitiés, ses préfé-
rences littéraires n'enchaînent son jugement.

Au mois de novembre 1664, elle se rend à la
Visitation du faubourg Saint-Jacques et elle y
rencontre quelques religieuses de Port-Royal
transférées dans ce couvent sur l'ordre de l'archevêque : elles ont refusé de signer le formulaire qui
condamne certaines propositions de Jansénius.
Parmi ces rebelles se trouve une sœur de Pomponne.
C'est à ce dernier qu'écrit alors Mme de Sévigné :

La pauvre enfant s'est évanouie ce matin ; elle est très
incommodée. Sa tante [la mère Agnès] a toujours la
même douceur pour elle. Monsieur de Paris [l'archevêque]
lui a donné une certaine manière de contre-lettre qui lui
a gagné le cœur : c'est cela qui l'a obligée de signer ce
diantre de formulaire ; je ne leur ai parlé ni à l'une ni à
l'autre ; M. de Paris l'avait défendu. Mais voici encore
une image de la prévention ; nos sœurs de Sainte-Marie
m'ont dit : " Enfin, Dieu soit loué ! Dieu a touché le
cœur de cette pauvre enfant ; elle s'est mise dans le chemin de l'obéissance et du salut. " De là je vais à Port-
Royal : j'y trouve un certain grand solitaire que vous
connaissez [Arnauld d'Andilly] qui commence par me
dire : " Eh bien ! ce pauvre oison a signé ; enfin Dieu l'a

abandonnée, elle a fait le saut. " Pour moi, j'ai pensé
mourir de rire en faisant réflexion sur ce que fait la
préoccupation. Voilà bien le monde en son naturel. Je
crois que le milieu de ces extrémités est toujours le
meilleur.

C'est du pur Montaigne, et rien n'est moins
janséniste. Mais, comme elle est femme, ce "milieu",
elle ne s'y tient pas toujours. Nous l'avons vue
parfois céder à son humeur, lorsqu'elle juge les
poètes de son temps : s'agit-il de religion, ses
opinions ne sont pas beaucoup plus constantes. Ses
fréquentations chez les Arnauld, la lecture assidue
de Pascal et de Nicole lui ont inspiré l'horreur des
jésuites et, sur ce chapitre-là, elle trouve Mme de
Grignan bien prudente et bien réservée : " Je vous
admire en vérité d'être deux heures avec un jésuite
sans disputer ; il faut que vous ayez une belle
patience pour lui entendre dire ses fades et fausses
maximes. Je vous assure que, quoique vous m'ayez
souvent repoussée politiquement sur ce sujet, je
n'ai jamais cru que vous fussiez d'un autre sentiment que moi, et j'étais quelquefois un peu mor-
tifiée qu'il me fût comme défendu de causer avec
vous sur une matière que j'aime, sachant bien
qu'au fond de votre âme vous étiez dans les bonnes
et droites opinions. Je n'aurais jamais cette tran-

quillité avec un bon père. J'en trouvai un à Vichy ;
dès la première visite, nous fûmes brouillés, et ses
eaux en furent tellement troublées qu'il fut contraint d'aller à Saint-Mion pour se rafraîchir... "
Mais cette aversion pour les jésuites ne diminue
en rien son admiration pour Bourdaloue : " Jamais,
dit-elle, prédicateur évangélique n'a prêché si
hautement et si généreusement la vérité chrétienne."
Et, dans un accès de mauvaise humeur que lui ont
causé les trop ingénieuses subtilités de son cher
Nicole, elle va jusqu'à dire : " Je veux mourir si
je n'aime mille fois mieux les jésuites ; ils sont du
moins tout d'une pièce, uniformes dans la doctrine
et dans la morale. Nos frères disent bien et con-
cluent mal ; ils ne sont point sincères, me voilà
dans Escobar. " Il est vrai qu'elle s'empresse
d'ajouter : " Ma fille, vous voyez bien que je me
joue et que je me divertis. "

Je crois qu'elle se joue et se divertit bien souvent, et sans le dire. On soupçonne chez elle des
réticences, des ironies auxquelles nous n'entendons
goutte. Aussi laisserai-je de côté les lettres où elle
cause avec sa fille de la grâce, de la prédestination,
de saint Paul et de saint Augustin. Du reste, sur
ces graves matières, elle semble avoir eu des avis
un peu flottants, toujours au gré de son humeur.

Dieu soit loué, elle n'était pas théologienne. Elle
se vantait de savoir à fond sa religion : " Oh ! tout
ce que j'ai de bon, c'est que je sais bien ma religion,
et de quoi il est question... " Elle le savait assurément un peu mieux que beaucoup de femmes de
son temps... et du nôtre ; mais, au fond sa grande
préoccupation, comme celle de tous les croyants,
était de mettre d'accord avec les vérités révélées ses
propres inclinations et les leçons de sa propre
expérience. C'est cet accommodement qu'elle
nomme *sa* religion. Terrifiée par l'idée de la mort,
parce qu'elle aime la vie, épouvantée de l'instabi-
lité des choses humaines (lisez ses lettres sur la
chute de Foucquet, la disgrâce de Pomponne, la
mort de Louvois, la mort de Turenne et bien
d'autres), elle serait fataliste comme un Turc, si la
foi chrétienne ne lui apportait l'idée d'une souve-
raine Providence qui règle la place, la ligne et le
terme de toute destinée humaine. " Si vous ne
mettez, dit-elle, la volonté de Dieu pour toute
règle, pour tout ordre, vous tomberez dans de
grands inconvénients... " Et ailleurs : " Il me faut
l'auteur de l'univers pour raison de tout... " Sans
cesse elle revient sur cette pensée que tout échappe
à la volonté de l'homme : les maladies, les morts,
les mariages, les haines, les conversions, les cala-

mités et les prospérités publiques, les victoires et les défaites, la grêle, les chenilles. Laissant tout entre les mains de Dieu, elle trouve dans cette sorte de déterminisme chrétien la tranquillité d'esprit qui fait le bonheur de sa vie.

Mme de Sévigné avait quarante-cinq ans lorsqu'elle se reprochait sa tiédeur et regrettait de ne pas être dévote. Il semble bien qu'au déclin de la vie, vers la soixantaine, sa piété devint plus fervente, non point dans la pratique extérieure, car jamais elle ne fut très formaliste, ni très scrupuleuse ; mais dès ce temps-là, elle se mit à " attendre et regarder un autre temps, du coin de l'œil, dont Dieu est le maître comme de toutes les choses de ce monde ". De ce changement, le ton des lettres ne laisse pas deviner grand'chose : toujours le même enjouement, le pli est pris, c'est sa manière ; néanmoins, çà et là, son accent devient plus grave, et chaque jour de nouveaux deuils rendent l'idée de la mort plus présente à son imagination.

Elle a soixante-deux ans quand elle raconte la mort et les obsèques de son oncle Saint-Aubin, lettres émouvantes qui me dispenseront d'en dire plus long sur les sentiments religieux de Mme de Sévigné. Saint-Aubin s'était retiré dans le faubourg Saint-Jacques, séjour d'élection des personnes pieuses et pénitentes. Le sachant très gravement malade, Mme de Sévigné se rend à son chevet.

Il m'a tenu longtemps la main en me disant des choses saintes et tendres ; j'étais toute en larmes. C'est une occasion à ne pas perdre que de voir mourir un homme avec une paix et une tranquillité toutes chrétiennes, un détachement, une charité, un désir d'être dans le ciel pour n'être plus séparé de Dieu, un saint tremblement de ses jugements, mais une confiance toute fondée sur les mérites infinis de Jésus-Christ : tout cela est divin. C'est là qu'il faut apprendre à mourir tout au moins, quand on n'a pas été assez heureux pour y vivre. (15 novembre 1688.) — Je veux suivre l'histoire sainte et tragique du pauvre Saint-Aubin. Mercredi dernier, aussitôt que je vous eus écrit, on me vint dire qu'il était fort mal, qu'il avait reçu l'extrême-onction ; j'y courus avec M. de Coulanges ; je le trouvai fort mal, mais si plein d'esprit et de raison, et si peu de fièvre extérieure, que je ne pouvais comprendre qu'il allât mourir... Je trouvai cette amitié, cette douceur, cette reconnaissance en ce pauvre malade, et par-dessus tout ce regard continuel à Dieu, et cette unique et adorable prière à Jésus-Christ, de lui demander miséricorde par son sang précieux, sans autre verbiage... On lut le *Miserere* ; ce fut une attention marquée par ses gestes et par ses yeux ; il avait répondu à l'extrême-onction, et en avait demandé la paraphrase à M. de Saint-Jacques ; enfin, à neuf heures du soir, il me chassa et me dit en propres paroles adieu. Le père Morel y demeura...

A minuit, le malade s'éteignait dans les bras du religieux.

J'y fus le lendemain, qui était hier ; il n'était nullement changé ; il ne me fit nulle horreur, ni à tous ceux qui le virent : c'est un prédestiné, on respecte la grâce de Dieu, dont il a été comblé. On lut son testament : rien de plus sage rien de mieux écrit... Le matin nous avons été à son service à Saint-Jacques, sans aucune cérémonie. Il y avait beaucoup de gens touchés de son mérite et de sa vertu... De là nous avons été aux Carmélites, où il est enterré... Le clergé l'a reçu du clergé de Saint-Jacques. Cette cérémonie est triste, toutes ces saintes filles sont en haut avec des cierges, qui chantent le *Libera* ; et puis enfin on le jette dans cette fosse profonde, où on l'entend descendre, et le voilà pour jamais. Il n'y a plus de temps, pour lui, il jouit de l'éternité ; enfin il n'est plus sur terre. De vous dire que tout cela se passa sans larmes, il n'est pas possible ; mais ce sont des larmes douces, dont la source n'est point amère, ce sont des larmes de consolation et d'envie... (19 novembre 1688.)

Des derniers moments de Mme de Sévigné, nous ne savons presque rien. Ces quelques lignes, écrites par le comte de Grignan à un des plus fidèles amis de la marquise, le président de Moulceau, prouvent qu'elle supporta chrétiennement la suprême épreuve :

« Elle a envisagé, dès les premiers jours de sa

maladie, la mort, avec une fermeté et une soumission étonnantes. Cette femme si tendre et si faible
pour tout ce qu'elle aimait n'a trouvé que du
courage et de la religion, quand elle a cru ne
devoir songer qu'à elle. "

*
* *

Dans sa simplicité ce jugement du comte de
Grignan est le plus vrai qui ait jamais été porté
sur Mme de Sévigné.

"Cette femme si tendre et si faible pour tout ce
qu'elle aimait... " De sa tendresse, nous avons vu
les preuves ; nous avons vu aussi celles de sa
faiblesse, car, dans ses lettres, j'ai tâché de ne rien
omettre de ce qui nous pouvait révéler son esprit
et son cœur.

Elle a été dévouée et fidèle à tous ses amis.
Ceux-ci, — hormis Mme de La Fayette, — ne
méritaient guère la faveur d'une affection aussi
généreuse et aussi constante : Bussy était un vaniteux forcené, Retz un magnifique scélérat, Foucquet
un intrigant sans scrupules, Coulanges une âme
égoïste et vulgaire, Corbinelli un bohème assez
louche. Sans doute, nous choisissons rarement
nos amis, et le plus souvent nous adoptons

ceux que les hasards de la vie ont mis sur notre chemin ; remarquez, en passant, que Bussy, Retz et Coulanges sont des cousins de Mme de Sévigné. On ne saurait non plus, sans injustice, lui reprocher d'avoir, dans ses attachements, cédé au prestige de l'esprit, car elle ne perdait pas une occasion de montrer que son cœur y était intéressé. Pour ses amis elle s'exposait bravement au danger de partager leur disgrâce ou, ce qui était bien plus grave, à un mouvement de mauvaise humeur de Mme de Grignan. Je voudrais croire qu'elle jugeait ses amis à peu près comme nous les jugeons ; mais je n'en suis pas sûr... Décidément, elle était " faible pour tout ce qu'elle aimait ".

Pour sa fille, sa faiblesse fut extrême, comme sa tendresse. Dans la vie de cette femme naturellement droite et loyale, on rencontre des pensées et des actions qui offensent l'équité et blessent la délicatesse. Je sais qu'en les soulignant j'ai un peu scandalisé quelques-uns de ses admirateurs ; mais, comme elle le disait elle-même, " ce qui est écrit est écrit ", et ce sont ses propres lettres qui témoignent contre elle. Un jour, elle disait à Mme de Grignan : " Vous savez quelle inclination j'ai eue toute ma vie pour vous : tout ce qui peut m'avoir rendue haïssable vient de ce fonds. " Elle avait raison. C'était de ce fonds que venaient les plaisanteries un peu lourdes dont elle accablait tous les ennemis du comte de Grignan en Provence. Du même fonds, toutes les injustices dont son fils aurait pu se plaindre et dont il ne se plaignit jamais. Et quand elle se montrait si timide à défendre le bonheur de ses petits-enfants, quand elle prenait si fort le parti de sa fille occupée à dépouiller les enfants de son mari, quand elle poussait les Grignan à fumer leurs terres grâce à une bonne mésalliance, c'était toujours la même passion qui l'égarait. Reprenant le reproche d'avarice que Bussy lui a adressé dans son pamphlet, on a prétendu qu'en toutes ces occasions elle avait suivi le penchant d'une nature intéressée, avide d'argent. Non ! elle ne fut jamais économe que pour sa fille, et elle disait vrai quand, à propos d'une mère avare, elle écrivait : " Pour moi je me suis dépouillée avec tant de plaisir pour établir mes enfants que j'ai peine à comprendre qu'on veuille, jusqu'à la fin de sa vie, se compter pour tout et les autres pour rien. " Un an avant sa mort, elle écrivait encore : " Les richesses que laisse Mme de Meckelbourg me donnent une joie extrême de penser que je mourrai sans autre argent comptant, mais aussi sans dettes ; c'est tout ce que

je demande à Dieu, et c'est assez pour une chrétienne. " (3 février 1695.) Son vœu ne fut pas
exaucé ; en mourant, elle devait plus de 67.000 livres.

Et qu'il est juste, le dernier mot du comte de
Grignan ! " Elle n'a trouvé que du courage et de
la religion, *quand elle a cru devoir ne songer qu'à elle*."
Oui, dès qu'aux approches de la mort, elle a pu
enfin chasser de son esprit l'obsédante image de sa
fille, elle s'est retrouvée elle-même, c'est-à-dire
une femme pleine de courage et une excellente
chrétienne.

C'était un peu tard, diront les rigoristes. Mais
qui donc a jamais demandé que Mme de Sévigné
fût, comme sa grand'mère, canonisée par l'Église ?

Avouons-le, d'ailleurs, si nous nous sommes
tant occupé de la vie, des sentiments, des qualités
et des faiblesses de Mme de Sévigné, c'est que, sans
pénétrer dans son intimité, on ne peut goûter tout
le charme de sa correspondance. Le portrait que j'ai
tenté ne ressemble pas tout à fait à celui que con-
sacre la légende ; tant pis !

> En dépit qu'on en ait, elle se fait aimer,
> Sa grâce est la plus forte...

Sa grâce, ce sont ses lettres ; sa prose qui a le ton, le rythme, la vivacité, la fraîcheur de la parole improvisée ; son air de chez nous qui nous met si vite en familiarité avec elle ; son inimitable accent de France auquel nous reconnaissons tout de suite une " payse " et qui déroute les étrangers, à moins qu'une mystérieuse sympathie ne les illumine, car Walpole invoquait *Notre-Dame de Livry* ; sa sensibilité juste et bien accordée qui, en tout, lui fit chérir de parfaits emblèmes de son pays et de sa race : les rives de la Loire et de la Seine, les *Essais* de Montaigne, les fables de La Fontaine, les comédies de Molière, la gloire de Turenne, les splendeurs de Versailles et les vertus de Port-Royal.

TABLE DES GRAVURES (¹)

(1) L'encadrement de la couverture reproduit un des motifs de la boiserie du salon de Mme de Sévigné à l'hôtel Carnavalet. — Le cul de lampe a été dessiné d'après les armoiries de Mme de Sévigné, telles qu'elles sont représentées dans l'Album de l'édition des *Grands écrivains de la France*. (Hachette).

TABLE DES MATIÈRES

E. GREVIN — IMPRIMERIE DE LAGNY